Quaderni di esercizi

Spagnolo

Principianti

di
Belén Ausejo e Juan Córdoba

traduzione e adattamento in italiano di
Francesca Melle

Assimil Italia s.a.s.
10034 Chivasso (TO)
info@assimil.it

www.assimil.it

© Assimil Italia 2015   ISBN: 978-88-96715-56-7

Introduzione

Divisi in 16 capitoli, i circa 180 esercizi di questo quaderno vi permetteranno di allenare progressivamente i "fondamentali" della lingua spagnola: dalla pronuncia alla frase complessa, passando per gli elementi che compongono il gruppo nominale e la frase semplice.

Caratteristica principale dello spagnolo, lingua romanza dalle molte affinità con l'italiano, è sicuramente il sistema verbale: la formazione e l'uso dei vari tempi e modi costituiscono un punto di forza di quest'opera, al cui termine troverete delle utili tavole di coniugazione per la consultazione e il ripasso.

Intercalati agli altri, inoltre, vi sono tre capitoli dedicati al lessico e alla lettura, grazie ai quali potrete rivedere le nozioni acquisite in modo attivo e contestuale. Questo vi fornirà le basi necessarie per gli approfondimenti futuri, permettendovi l'utilizzo pratico delle strutture imparate.

Il quaderno vi dà anche la possibilità di autovalutarvi: dopo aver svolto ogni esercizio e verificato la soluzione (da pagina 122), disegnate l'espressione dell'icona che compare sulla destra: ☺ se la maggior parte delle risposte è esatta, 😐 se è corretta circa la metà, ☹ se lo è meno della metà. Alla fine di ciascun capitolo, riportate nello schema il numero di icone relative agli esercizi e, alla fine del quaderno, calcolate il totale riportando le icone dei capitoli nello schema generale di pagina 128!

Indice

1. Dalle lettere ai suoni 3-7
2. Articoli, nomi, aggettivi e numeri 8-13
3. I pronomi personali e le coniugazioni 14-19
4. Possessivi, dimostrativi, indefiniti 20-25
5. *Ser, estar* e la forma progressiva 26-31
6. I presenti irregolari e la frase semplice 32-37
Lessico e lettura 1: identità e famiglia 38-43
7. Perifrasi verbali e presenti irregolari 44-49
8. Il congiuntivo presente 50-55
9. Verbi irregolari e uso dei modi verbali 56-61
10. L'imperativo, l'obbligo e la necessità 62-67
11. Altri elementi della frase semplice 68-73
Lessico e lettura 2: in movimento 74-79
12. L'espressione del futuro e le relative 80-85
13. I tempi del passato 86-91
14. I tempi del passato (2) e il condizionale 92-97
15. La frase complessa 98-103
16. L'ausiliare e i tempi composti 104-109
Lessico e lettura 3: l'abbigliamento 110-113
Tavole di coniugazione 114-121
Soluzioni 122-127
Autovalutazione 128

Dalle lettere ai suoni

Alfabeto, ortografia e pronuncia

- L'alfabeto spagnolo ha 27 lettere, una in più rispetto all'italiano: la **ñ**. Come in italiano, i nomi delle lettere sono femminili.

A a	F efe	K ka	O o	T te	Y i griega
B be	G ge	L ele	P pe	U u	Z zeta
C ce	H hache	M eme	Q cu	V uve	
D de	I i	N ene	R erre	W uve doble	
E e	J jota	Ñ eñe	S ese	X equis	

- L'ortografia spagnola non pone grossi problemi agli italofoni. Ci sono tuttavia alcune particolarità che è bene tenere presenti:

    – **b** e **v**: si pronunciano allo stesso modo con un suono simile alla [b] italiana, ma pronunciata con le labbra socchiuse.
    – **ch**: corrisponde al suono [c] dell'italiano *cena*.
    – **ñ**: corrisponde al suono [gn] dell'italiano *ragno*.
    – **s**, in **sa, se, si, so, su**: suono sempre sordo, come [ss] dell'italiano *sole*.
    – **z**, in **za, zo, zu**: come il [th] sordo inglese di *think*, con la lingua tra i denti.
    – **c**: in **ca, co, cu**, pronunciata [k] come in italiano / in **ce** e **ci**, [th] come la **zeta** spagnola / il nesso **cc** è pronunciato [kth].
    – **j, la jota**: suono gutturale simile al [ch] tedesco di *Bach*.
    – **ll**: pronunciata di norma in modo simile a [gli] nell'italiano *maglia*.
    – **g**: [g] come nell'italiano *gatto* in **ga, go, gu, gue, gui** / come la **jota** in **ge** e **gi**.
    – **q**: sempre seguita da **u+e** o **i**, si pronuncia [k].

1 Anche in spagnolo si usano molti acronimi. Dopo aver imparato l'alfabeto, scrivete le sigle dei seguenti termini ed espressioni, e la loro pronuncia.
Esempio: Compact Disc: CD (ce de)

a. Disco Versátil Digital: ....

b. Global Positioning System: ....

c. Documento Nacional de Identidad: ....

d. World Wide Web: ....

e. Organización No Gubernamental: ....

f. HyperText Transfer Protocol: ....

CAPITOLO 1: DALLE LETTERE AI SUONI

2 Leggete le regole ortografiche di pag. 3 e poi riportate (senza guardare!) le 30 parole qui di seguito nella casella dello schema corrispondente alla loro iniziale:

Calor (calore)
Camino (cammino)
Cero (zero)
Ciruela (prugna)
Colega (collega)
Cumpleaños (compleanno)
Gafas (occhiali)
Gato (gatto)
Gel (gel)
Girasol (girasole)
Gitano (gitano)
Golondrina (rondine)
Gorra (berretto)

Guerra (guerra)
Guitarra (chitarra)
Jamón (prosciutto)
Jirafa (giraffa)
Julio (luglio)
Queso (formaggio)

Quizás (forse)
Sal (sale)
Salsa (salsa)
Semáforo (semaforo)
Silla (sedia)

Sol (sole)
Sur (sud)
Zapato (scarpa)
Zoológico (zoo)
Zorro (volpe)
Zumo (succo)

COME [SS] IN ITALIANO	COME [TH] IN INGLESE	COME LA JOTA SPAGNOLA	COME [G] DI GATTO IN ITALIANO	COME [K] IN ITALIANO

CAPITOLO 1: DALLE LETTERE AI SUONI

L'accento tonico 1

- Nella maggior parte dei casi, in spagnolo l'accento tonico cade sulla penultima sillaba, esattamente come in italiano: **Pi<u>ca</u>sso, co<u>rri</u>da, pa<u>e</u>lla**.

- In particolare, questo accade sempre quando la parola termina per vocale, per **-n** o per **-s**: **Es<u>pa</u>ña, <u>I</u>talia, Hon<u>du</u>ras, <u>Car</u>men**.

- Le parole che terminano per consonante diversa da **-n** o **-s** hanno l'accento tonico sull'ultima sillaba: **Ma<u>drid</u>, a<u>mor</u>, a<u>bril</u>**.

- Se l'accento tonico cade sulla terzultima sillaba, o in caso di eccezioni alle regole suddette, l'accento diventa anche grafico: **Pa<u>na</u>má, At<u>lán</u>tico**.

3 Come nell'esempio (Italia), identificate la sillaba tonica, rappresentata dalla barra arancione, in ciascun nome di nazione e spuntate la casella corrispondente.

	◖◯◯	◯◖◯	◯◯◖	◯◖	◖◯
a. Italia		✔			
b. México					
c. España					
d. Portugal					
e. Perú					
f. Bélgica					
g. Canadá					
h. Francia					
i. Suiza					
j. Brasil					

4 Queste parole seguono le regole di accentazione; l'accento tonico non è quindi grafico. Spuntate il quadratino relativo alla sillaba tonica corretta.

a. paella   ▢▢▢
b. gambas   ▢▢
c. arroz   ▢▢
d. cerveza   ▢▢▢

e. mujer   ▢▢
f. salud   ▢▢
g. voleibol   ▢▢▢
h. Esteban   ▢▢▢

i. estadio   ▢▢▢
j. pasaporte ▢▢▢▢
k. Valladolid ▢▢▢▢
l. martes   ▢▢

CAPITOLO 1: DALLE LETTERE AI SUONI

5 Il contrario dell'esercizio precedente: questi termini non seguono le regole di accentazione, bisogna quindi scrivere l'accento (sempre acuto in spagnolo: ´). Trascriveteli con l'accento grafico sulla sillaba corretta.

a. frances ....
b. Cadiz ....
c. futbol ....
d. cafe ....
e. Paris ....
f. dolar ....
g. menu ....
h. sofa ....
i. sandwich ....
j. modem ....
k. vater ....
l. jamon ....

L'accento tonico 2

• **Particolarità ortografiche**

Salvo eccezioni, la vocale tonica di una parola non cambia, neanche se la parola si trasforma e si allunga: per esempio, se si aggiunge una sillaba per formare il plurale, l'accento tonico cade sempre sulla stessa sillaba del singolare. **L'accento grafico, invece, sarà presente oppure no, a seconda dei casi:**

– **un francés**, *un francese* / **dos franceses**, *due francesi* (l'accento grafico scompare al plurale)

– **un joven**, *un giovane* / **dos jóvenes**, *due giovani* (l'accento grafico appare al plurale)

6 Aggiungete, se necessario, l'accento grafico sulle forme plurali.

a. **un árbol**, un albero → **dos arboles**
b. **un inglés**, un inglese → **dos ingleses**
c. **un balón**, un pallone → **dos balones**
d. **un andén**, una banchina → **dos andenes**
e. **un móvil**, un cellulare → **dos moviles**

7 Aggiungete, se necessario, l'accento grafico sulle forme singolari.

a. **dos alemanes**, due tedeschi → **un aleman**
b. **dos portátiles**, due portatili → **un portatil**
c. **dos papeles**, due fogli → **un papel**
d. **dos daneses**, due danesi → **un danes**
e. **dos mítines**, due riunioni → **un mitin**

CAPITOLO 1: DALLE LETTERE AI SUONI

La punteggiatura

- Lo spagnolo ha un uso particolare del punto esclamativo (**signo de admiración**) e interrogativo (**signo de interrogación**): oltre al normale punto interrogativo o esclamativo alla fine della frase, se ne mette anche uno rovesciato all'inizio della domanda o dell'esclamazione: ¿…? ¡…!

- Ecco qualche segno di punteggiatura che può anche essere utile nell'uso di Internet: **punto**, *punto*; **dos puntos**, *due punti*; **guión**, *trattino*; **guión bajo**, *trattino basso, underscore*; **barra**, *barra, slash*; **barra doble**, *doppio slash*.

- E infine **arroba**, *chiocciola*, nome di un'antica unità di peso spagnola la cui abbreviazione nei manoscritti era simile a @.

8 Interrogazione o esclamazione? Mettete la punteggiatura alle vignette!

a. ENCANTADO
b. HABLAS ESPAÑOL
c. BIENVENIDO
d. DE DÓNDE ERES
e. HOLA
f. CÓMO TE LLAMAS

9 Scrivete questi indirizzi Internet così come li leggereste, esplicitando in particolare i segni di punteggiatura.

a. http://www.assimil.it/

   → ....

b. belen_ausejo@hotmail.com

   → ....

c. juan-cordoba@gmail.com

   → ....

Complimenti, eccovi al termine del capitolo 1! Ora è il momento di contare le vostre icone e di riportare il risultato a pag. 128.

Articoli, nomi, aggettivi e numeri

Singolare e plurale, articoli determinativi e indeterminativi

- Gli articoli determinativi sono 4: **el / los** al maschile e **la / las** al femminile (**el** davanti a vocale o **h** in sillabe toniche: **el agua**). Non esistono forme apostrofate. Ci sono preposizioni articolate come in italiano, ma solo due:
  - **a + el → al**
  - **de + el → del**

Attenzione: le contrazioni avvengono soltanto nei due casi succitati, quindi al maschile singolare con **a** e **de**; negli altri casi, la preposizione e l'articolo restano separati: *dei, degli* → **de los** / *ai, agli* → **a los** / *alla* → **a la** / *delle* → **de las** / *nel, nello* → **en el**, ecc.

- Per formare il plurale dei nomi e della maggior parte degli aggettivi, si aggiunge **-s** alle parole che terminano per vocale / **-es** alle parole che terminano per consonante o **-y**:
  - **el hombre alto** *(l'uomo alto)* → **los hombres altos** *(gli uomini alti)*
  - **la mujer actual** *(la donna di oggi)* → **las mujeres actuales** *(le donne di oggi)*
  - **la ley nacional** *(la legge nazionale)* → **las leyes nacionales** *(le leggi nazionali)*

- L'articolo indeterminativo spagnolo ha anche un suo plurale vero e proprio: **un huevo**, *un uovo* / **unos huevos**, *delle uova* / **una manzana**, *una mela* / **unas manzanas**, *delle mele*. Può essere omesso al plurale:
  - *¿Hay manzanas?* → *Ci sono (delle) mele?*

- Il partitivo singolare *del/dello, della* non esiste in spagnolo: *del vino* → **vino**.
  - *Voglio del pane* → **Quiero pan**.

---

1 Ecco i titoli di sei celebri film: mancano però gli articoli (e a volte la preposizione articolata o il gruppo preposizione + articolo). Cercateli nel ciak a destra e inseriteli al posto giusto.

a. Mujeres .... borde de un ataque de nervios

b. .... cabaña .... tío Tom

c. .... señor .... anillos

d. .... guerra .... galaxias

e. Blancanieves y .... siete enanos

f. .... libro .... selva

CAPITOLO 2: ARTICOLI, NOMI, AGGETTIVI E NUMERI

2 Completate la traduzione di queste frasi.

a. Il prezzo della tortilla.
   El precio ....

b. Voglio della tortilla.
   Quiero ....

c. Voglio una tortilla.
   Quiero ....

d. Voglio delle mele.
   Quiero ....

e. Il prezzo delle uova.
   El precio ....

f. Voglio delle uova.
   Quiero ....

g. Voglio del vino.
   Quiero ....

h. Voglio una pagnotta.
   Quiero ....

3 Volgete questi gruppi nominali al singolare.

a. Los productos de los mercados. → ....

b. Las imágenes de las ciudades. → ....

c. Las leyes de los países. → ....

Maschile e femminile

- La **-o** è normalmente la desinenza del maschile e la **-a** quella del femminile dei nomi. Ma ci sono numerose eccezioni: **la mano**, *la mano*; **la modelo**, *la modella*; **el día**, *il giorno*; **el idioma**, *la lingua*; **el problema**, *il problema*, ecc.

- I nomi che terminano in **-ista** e **-ante** sono invariabili nei due generi: **el / la cantante**, *il / la cantante*; **el / la deportista**, *lo sportivo / la sportiva*.

- Quando si riferiscono a esseri viventi, i nomi in **-o** formano il femminile in **-a** (**el hijo / la hija**, *il figlio / la figlia*) e quelli in **-or** hanno il femminile in **-ora** (**el profesor / la profesora**, *il professore / la professoressa*).

- Gli aggettivi in **-o** formano il femminile in **-a**, ma sono invariabili quando terminano per consonante o una vocale diversa da **-o**: **la música actual,** *la musica odierna*; **una chica alegre,** *una ragazza allegra*.

CAPITOLO 2: ARTICOLI, NOMI, AGGETTIVI E NUMERI

4 Completate la tabella seguente con tutte le possibilità di genere e numero.

FEMMINILE SINGOLARE	MASCHILE SINGOLARE	FEMMINILE PLURALE	MASCHILE PLURALE
	el estudiante serio		
la directora alegre			
		las tenistas tristes	
			los chicos simpáticos
la pianista famosa			
	el escritor interesante		
			los amigos fieles
		las cantantes actuales	

5 Conoscete il significato di queste parole? Associate loro il giusto colore (accordandolo in genere e numero se necessario).

a. La sangre es ....

b. Los árboles son ....

c. La leche es ....

d. Tus ojos son .... como el cielo.

e. La hierba es ....

f. Las panteras son ....

g. El jamón de York es ....

h. Los limones son ....

blanco negro rojo rosa amarillo verde marrón azul

CAPITOLO 2: ARTICOLI, NOMI, AGGETTIVI E NUMERI

Gli aggettivi di nazionalità

- Come in italiano, gli aggettivi di nazionalità che terminano in **-o** hanno il femminile in **-a**. Sono invariabili quando terminano in **-e** o altra vocale.
  – **polaco / polaca**, *polacco / polacca*
  – **el amigo croata / la amiga croata**, *l'amico croato / l'amica croata*
  – **el chico canadiense / la chica canadiense**, *il ragazzo canadese / la ragazza canadese*
  – **el estudiante marroquí / la estudiante marroquí,** *lo studente marocchino / la studentessa marocchina*

- Aggiungono **-a** al femminile quando il maschile termina per consonante:
  – **el profesor francés / la profesora francesa**, *il professore francese / la professoressa francese*

- Per dire la propria nazionalità, si utilizza il verbo **ser** + aggettivo; per la città di provenienza, **ser de** + nome di città.

6 Ecco 18 etichette con 6 nomi di persona, 6 nazionalità (al maschile) e 6 città. Formate sei frasi unendo ciascun nome a una nazionalità (da accordare eventualmente al femminile) e a una città. *Esempio: Inés es española. Es de Barcelona.*

alemán · marroquí · Fernanda · estadounidense · Rabat · Inge

Barack · Berlín · belga · Guadalupe · portugués · mexicano

Cancún · Jacques · Bruselas · Nueva York · Samia · Lisboa

a. Barack es .... Es de ....

b. Jacques es .... Es de ....

c. Samia es .... Es de ....

d. Fernanda es .... Es de ....

e. Inge es .... Es de ....

f. Guadalupe es .... Es de ....

CAPITOLO 2: ARTICOLI, NOMI, AGGETTIVI E NUMERI

I numeri

- Da zero a 29, le cifre si scrivono in una sola parola. A partire da 30, il gruppo «decina + unità» si scrive in tre parole, con la congiunzione **y** (→ *e)* in mezzo.

0 cero	10 diez	20 veinte	30 treinta
1 uno	11 once	21 veintiuno	31 treinta y uno
2 dos	12 doce	22 veintidós	32 treinta y dos…
3 tres	13 trece	23 veintitrés	40 cuarenta
4 cuatro	14 catorce	24 veinticuatro	50 cincuenta
5 cinco	15 quince	25 veinticinco	60 sesenta
6 seis	16 dieciséis	26 veintiséis	70 setenta
7 siete	17 diecisiete	27 veintisiete	80 ochenta
8 ocho	18 dieciocho	28 veintiocho	90 noventa
9 nueve	19 diecinueve	29 veintinueve	100 cien

- **Cien** diventa **ciento** tra 101 e 199 **(ciento uno, ciento dos, … ciento noventa y nueve)**. Conserva la forma **cien** quando precede **mil** e **millones** (cien mil, cien millones…)

- A partire da 200, le centinaia sono considerate aggettivi e si accordano quindi al maschile e al femminile: **doscientos niños**, **trescientas cincuenta páginas**.

100 cien, ciento	600 seiscientos, as
200 doscientos, as	700 setecientos, as
300 trescientos, as	800 ochocientos, as
400 cuatrocientos, as	900 novecientos, as
500 quinientos, as	1000 mil, 2000 dos mil, ecc.

7 Scrivete in lettere le operazioni sulla lavagna e i loro risultati: *más* (+), *menos* (−), *por* (x), *entre* (:), *igual* (=).

a. ....

b. ....

c. ....

d. ....

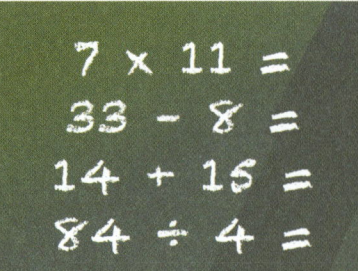

CAPITOLO 2: ARTICOLI, NOMI, AGGETTIVI E NUMERI

8 Per quali caselle dovete passare per uscire dal labirinto?
Scrivete in lettere le cifre corrispondenti al vostro percorso.

a. ....
b. ....
c. ....
d. ....
e. ....
f. ....
g. ....
h. ....
i. ....
j. ....
k. ....
l. ....
m. ....

2	421	3330	164	7207
708	901	9908	512	199
41	15	654	4612	237
86	23	803	312	540
57	50	73	7	5462

9 Traducete scrivendo le cifre in lettere.

a. 347 mele. → ....

b. 2513 amiche. → ....

c. 1928 tortillas. → ....

Complimenti, eccovi al termine del capitolo 2! Ora è il momento di contare le vostre icone e di riportare il risultato a pag. 128.

I pronomi personali e le coniugazioni

Il presente indicativo regolare

- Ci sono tre coniugazioni verbali in spagnolo, in **–ar**, in **–er** e in **–ir** (cfr. tavole di coniugazione pagg. 114-115).

- Come in italiano, il pronome soggetto si usa solo per evidenziare maggiormente chi fa l'azione: **canto**, *canto*; **yo canto**, *io canto*. Da notare la forma anche femminile di *noi* e *voi*: **nosotras, vosotras**. I verbi pronominali sono accompagnati dai pronomi riflessivi: **llamarse**, *chiamarsi* ➔ **me llamo**, *mi chiamo*, **te llamas**, *ti chiami*, **se llama**, *si chiama*, **nos llamamos**, *ci chiamiamo*, **os llamáis**, *vi chiamate*, **se llaman**, *si chiamano*.

> **yo,** *io*
> **tú,** *tu*
> **él / ella,** *egli, lui / ella, lei*
> **nosotros / nosotras,** *noi*
> **vosotros / vosotras,** *voi*
> **ellos / ellas,** *essi, loro / esse, loro*

1 Traducete queste voci verbali, date alla rinfusa, e riportatele nello schema. Una delle iniziali è già presente per aiutarvi. Gli infiniti corrispondenti sono: *hablar* (parlare), *cantar* (cantare), *bailar* (ballare), *comer* (mangiare), *beber* (bere), *leer* (leggere), *vivir* (vivere), *escribir* (scrivere), *abrir* (aprire).

a. Leggete ....
b. Cantiamo .... **B**
c. Scrive ....
d. Parlo ....
e. Apro ....
f. Balliamo ....
g. Leggono ....
h. Mangi ....
i. Bevete ....
j. Viviamo ....

CAPITOLO 3: I PRONOMI PERSONALI E LE CONIUGAZIONI

2 Trovate in questa *sopa de letras* (parole intrecciate) 10 voci verbali coniugate al presente indicativo, poi riscrivetele e traducetele qui sotto. Potranno essere in orizzontale, verticale o diagonale.

a. .... ➔ ....
b. .... ➔ ....
c. .... ➔ ....
d. .... ➔ ....
e. .... ➔ ....
f. .... ➔ ....
g. .... ➔ ....
h. .... ➔ ....
i. .... ➔ ....
j. .... ➔ ....

B	A	I	L	O	U	T	X	E	I
E	R	T	A	L	H	A	B	L	E
B	O	L	L	Y	A	V	I	V	E
E	S	C	R	I	B	Í	S	T	O
M	U	A	C	H	L	O	L	O	T
O	C	N	T	O	A	B	R	E	S
S	O	T	I	U	M	B	C	H	E
O	M	A	N	G	O	E	L	F	P
T	A	N	X	Y	S	V	N	A	R

I pronomi personali complemento

- Vediamo ora le forme dei pronomi complemento atoni: diretti per il complemento oggetto *(io lo vedo)* e indiretti per il complemento di termine *(io gli do)*.

- Spesso i pronomi indiretti **le** e **les** sono usati anche come pronomi diretti se riferiti a persone, ma solo al maschile: **lo quiero mucho** o **le quiero mucho**, *lo amo molto*; **los saludo** o **les saludo**, *li saluto*.

- In caso di pronomi combinati, l'indiretto di 3ª persona diventa **se** anziché **le** o **les**. Nessuna differenza rispetto all'italiano per quanto riguarda l'ordine.

  Se lo digo.   *Glielo dico.*
  ↑ ↑   ↑ ↑
  ind. dir.   ind. dir.

	DIRETTI		INDIRETTI	
me	(mi)	me	(mi)
te	(ti)	te	(ti)
lo [le] / la	(lo, la)	le	(gli, le)
nos	(ci)	nos	(ci)
os	(vi)	os	(vi)
los / las	(li, le)	les	(...loro/gli)

CAPITOLO 3: I PRONOMI PERSONALI E LE CONIUGAZIONI

3 Sostituite i termini in corsivo con i pronomi complemento appropriati.
Esempio: Leggo *dei libri*. → *Li* leggo.

a. Leo *libros*.
  .... leo.

b. Compro *pan*.
  ....compro.

c. Como *huevos*.
  ....como.

d. Toco *la guitarra*.
  .... toco.

e. Quiero *tortillas*.
  .... quiero.

f. Canto *las canciones*.
  .... canto.

g. Escribo *una carta*.
  .... escribo.

h. Hablo *español*.
  .... hablo.

4 Traducete in spagnolo le seguenti frasi, poi sostituite il complemento oggetto in corsivo con il pronome diretto corrispondente.

Ci scrive *delle lettere*.
a. .... cartas.
b. ....

Vi scriviamo *una mail*.
c. .... un mail.
d. ....

Mi leggi *dei libri*.
e. .... libros.
f. ....

Ti aprono *le braccia*.
g. ....los brazos.
h. ....

Apriamo loro *la porta*.
i. .... la puerta.
j. ....

Gli leggo *delle poesie*.
k. .... poesías.
l. ....

I pronomi personali con preposizione

- Il pronome personale può essere soggetto (*io mangio*), complemento oggetto o di termine (*la vedo*; *le parlo*), ma può anche seguire una preposizione (**per** *me*, **a** *te*, **con** *lui*, ecc.). In questo caso in spagnolo si usano i pronomi tonici, ossia i pronomi soggetto con due forme diverse per la 1ª e la 2ª persona singolare: **mí** e **ti**.

- La preposizione **con**, *con*, ha forme speciali per le prime due persone singolari: **conmigo**, *con me*, e **contigo**, *con te*.

- La preposizione **a** è obbligatoria prima di un complemento oggetto quando questo si riferisce a una persona: *Vedo una donna*, **Veo a una mujer**.

a	(a)	
de	(di, da)	mí
por	(per, da [agente])	ti
para	(per)	él, ella
en	(in)	nosotros, nosotras
sin	(senza)	vosotros, vosotras
delante de	(davanti a)	ellos, ellas
detrás de	(dietro)	
antes de	(prima di)	
después de	(dopo)	

5 Traducete le seguenti frasi.

a. Il libro è per loro *(femm.)*.
   → ....

b. Canti per me.
   → ....

c. Balliamo davanti a loro *(masc.)*.
   → ....

d. Mangiate dopo di noi.
   → ....

e. Parlano di voi.
   → ....

f. Mangio senza di te.
   → ....

g. Vuole mangiare con me.
   → ....

6 Riscrivete queste frasi inserendo al posto di XXX una delle preposizioni seguenti: *delante de / antes de / después de / detrás de*.

a. Me lavo las manos XXX comer.
   → ....

b. Me lavo los dientes XXX comer.
   → ....

c. Como XXX la tele.
   → ....

d. Echo la siesta XXX comer.
   → ....

e. Se esconde XXX un árbol.
   → ....

CAPITOLO 3: I PRONOMI PERSONALI E LE CONIUGAZIONI

Gustar, querer e altri sentimenti

- Per dire *mi piace*, lo spagnolo funziona come l'italiano e usa il pronome indiretto + *gustar*: **Nos gusta el pescado**, *Ci piace il pesce*; **Te gustan los libros**, *Ti piacciono i libri*.

- A differenza dell'italiano, lo spagnolo ammette la ripetizione del pronome, tonico preceduto da preposizione **a** e atono: **A mí me gusta comer**, *A me piace / Mi piace mangiare*. Per le frasi negative, si utilizza la negazione **no**: **No me gusta**, *Non mi piace*.

- Se vogliamo rafforzare le nostre espressioni, possiamo usare i seguenti verbi: **Me encanta(n)**, *Adoro, Stravedo per* e **Me horroriza(n)**, *Detesto*.

- Un verbo curioso: **querer** significa sia *volere*, sia *amare*. **Quiero pan**, *Voglio del pane*; **Te quiero**, *Ti amo*.

7 Scrivete le frasi che corrispondono ai simboli nelle caselle dello schema.
Esempio casella 1: A ellos les encanta España.

	España	las gambas	los ordenadores	leer libros
ellos	♥♥		⚡	
nosotras		♥		
yo			⚡⚡	
tú		♥♥		
vosotros	♥			
él				⚡

♥ = gustar
♥♥ = encantar
⚡ = no gustar
⚡⚡ = horrorizar

a. ....
b. ....
c. ....
d. ....
e. ....
f. ....

CAPITOLO 3: I PRONOMI PERSONALI E LE CONIUGAZIONI

La forma di cortesia

- Darsi del tu è molto comune in Spagna ma, come in Italia, alle persone che non si conoscono normalmente si dà del Lei.

- Il pronome personale soggetto per la forma di cortesia, di 3ª persona singolare come in italiano, è **usted** (o **Usted**, abbreviato **Ud.** o **Vd.**). Di norma viene esplicitato, posposto al verbo: **¿Quiere usted tortilla?**, *Vuole della tortilla?*

- **Usted** è anche la forma usata con le preposizioni: **La tortilla es para Usted**, *La tortilla è per Lei*.

- I pronomi complemento atoni sono quindi quelli di 3ª persona singolare: **¿Le gusta España?**, *Le piace la Spagna?* (oppure *gli/le piace la Spagna?* riferito a terzi); il pronome diretto è il femminile singolare: **La quiero mucho**, *La amo molto*.

- Esiste anche il plurale **ustedes** (abbreviato **Uds.**), *Loro / Voi*, pronome di 3ª plurale: **¿Quieren ustedes pan?**, *Vogliono / Volete del pane?*

8 Riscrivete il dialogo nei fumetti di destra usando la forma di cortesia.

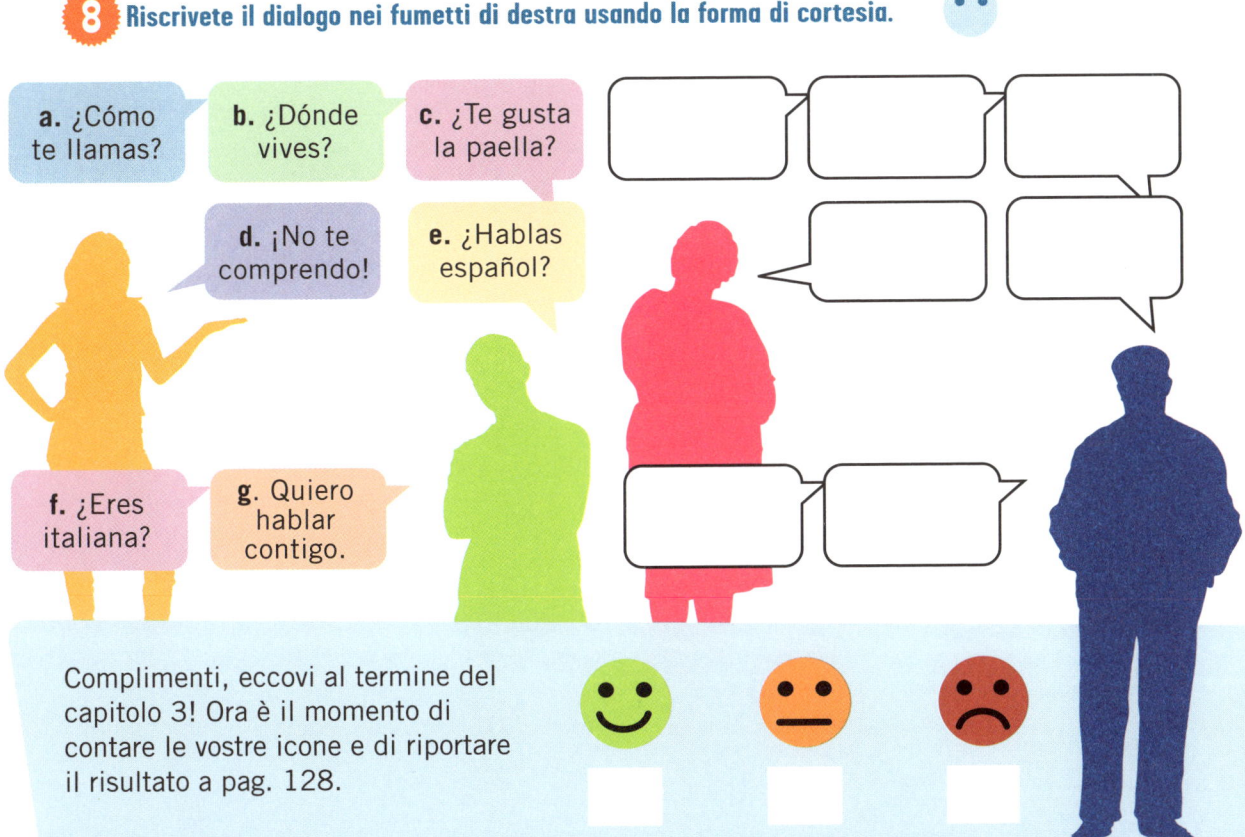

a. ¿Cómo te llamas?
b. ¿Dónde vives?
c. ¿Te gusta la paella?
d. ¡No te comprendo!
e. ¿Hablas español?
f. ¿Eres italiana?
g. Quiero hablar contigo.

Complimenti, eccovi al termine del capitolo 3! Ora è il momento di contare le vostre icone e di riportare il risultato a pag. 128.

4
Possessivi, dimostrativi, indefiniti

Gli aggettivi e i pronomi possessivi

- Gli aggettivi possessivi posti prima del nome, a differenza dell'italiano, non vogliono mai l'articolo, né determinativo né indeterminativo:

  – **Mi perro es blanco**, *Il mio cane è bianco.*

- Quando sono necessari gli articoli, o per ragioni di enfasi, si ricorre alle forme toniche dell'aggettivo, uguali ai pronomi possessivi, poste dopo il nome:

  – **Los amigos vuestros**, *I vostri amici.*
  – **Un amigo mío**, *Un mio amico.*

- **Su** e **el (los) suyo(s), la(s) suya(s)** si riferiscono sia alla 3ª persona singolare, sia alla 3ª plurale:

  – **Llama a su hermana**, *Chiama sua sorella.*
  – **Llaman a su hermano**, *Chiamano il loro fratello.*

Aggettivi atoni	Pronomi e agg. tonici
mi(s)	el (los) mío(s), la(s) mía(s)
tu(s)	el (los) tuyo(s), la(s) tuya(s)
su(s)	el (los) suyo(s), la(s) suya(s)
nuestro(s), nuestra(s)	el (los) nuestro(s), la(s) nuestra(s)
vuestro(s), vuestra(s)	el (los) vuestro(s), la(s) vuestra(s)
su(s)	el (los) suyo(s), la(s) suya(s)

1 Completate le frasi inserendo l'aggettivo possessivo appropriato.

a. Tengo dos cartas. → Son .... cartas.
b. Tenemos un pasaporte → Es .... pasaporte.
c. Tenéis tres guitarras. → ....
d. Tienen diez móviles. → ....
e. Tiene muchos colegas. → ....
f. Tenéis un libro. → ....
g. Tienes un perro. → ....
h. Tienes dos profesores. → ....
i. Tenemos dos guitarras. → ....
j. Tiene un portátil. → ....
k. Tengo un amigo. → ....
l. Tienen un balón. → ....

CAPITOLO 4: POSSESSIVI, DIMOSTRATIVI, INDEFINITI

2 Trasformate le seguenti frasi utilizzando i pronomi possessivi.

a. No es mi libro, es tu libro. → No es mi libro, es el ....

b. No son mis gafas, son tus gafas. → No son mis gafas, son ....

c. No son mis amigos, son tus amigos. → No son mis amigos, son ....

d. No es tu carta, es mi carta. → No es tu carta, es ....

e. No es tu abuela, es su abuela. → No es tu abuela, es ....

f. No son mis primas, son sus primas. → No son mis primas, son ....

g. No es tu padre, es su padre. → No es tu padre, es ....

h. No es su ordenador, es mi ordenador. → No es su ordenador, es ....

i. No son sus discos, son mis discos. → No son sus discos, son ....

I pronomi possessivi e l'espressione del possesso

- Come in italiano, il pronome possessivo può essere usato con o senza articolo:
  - **El libro es mío**, *Il libro è mio.*
  - **Es el mío**, *È il mio.*

- Ancora una volta come nella nostra lingua, il possesso si esprime con il verbo **ser** + la preposizione **de**. A causa dell'ambiguità delle forme di 3ª persona, si ricorre spesso a **de** + pronomi personali (cfr. pag. 22):
  - **Es de Pedro**, *È di Pedro.*
  - **Es de ellas**, *È loro* (femm.).

3 Traducete queste frasi.

a. Il cane non è nostro.
→ ....

b. Il portatile è mio.
→ ....

c. I libri sono loro. (2 possibilità)
→ ....
→ ....

d. La chitarra non è tua.
→ ....

e. Le mele non sono vostre.
→ ....

f. I dischi non sono tuoi.
→ ....

CAPITOLO 4: POSSESSIVI, DIMOSTRATIVI, INDEFINITI

Il possesso alla 3ª persona

- Naturalmente, la persona dei possessivi varia se si dà del tu (**tratamiento de tú**) o del Lei (**tratamiento de usted**):

  – **Es tu amigo**, *È il tuo amico.*
  – **Es su amigo, señor**, *È il Suo amico, signore.*

La 3ª persona è perciò ambigua, potendosi riferire tanto alla 3ª singolare maschile o femminile, quanto alla 3ª plurale maschile o femminile e alle forme di cortesia (singolare e plurale). Lo spagnolo ricorre quindi spesso all'esplicitazione del possessore, per mezzo della preposizione **de** + pronomi soggetto (**de él, de ella, de usted, de ellos, de ellas, de ustedes**):

  – **Es su perro**, *È il suo cane / È il loro cane / È il Suo cane*, ecc.
  – **Es el perro de ellos, Es el coche de ustedes, Son la gafas de ella**, ecc.

4 Scegliete il giusto *tratamiento* per le seguenti situazioni, poi esprimete il possesso per ogni frase sia con l'aggettivo sia con il pronome.

Esempio: È <u>la tua</u> birra? È <u>tua</u>, la birra?

Hablo con un colega: tratamiento de tú ☐   tratamiento de usted ☐

a. ¿Es .... cerveza?   ¿Es .... la cerveza?
b. ¿Son .... gambas?   ¿Son .... las gambas?
c. ¿Son .... discos?   ¿Son .... los discos?
d. ¿Es .... móvil?   ¿Es .... el móvil?

Hablo con mis hermanos: tratamiento de tú ☐   tratamiento de usted ☐

e. ¿Es .... libro?   ¿Es .... el libro?
f. ¿Es .... consola?   ¿Es .... la consola?
g. ¿Son .... patines?   ¿Son .... los patines?
h. ¿Son .... camisetas?   ¿Son .... las camisetas?

CAPITOLO 4: POSSESSIVI, DIMOSTRATIVI, INDEFINITI

Hablo con la abuela de un amigo: tratamiento de tú ☐   tratamiento de usted ☐

i. ¿Es .... té?   ¿Es .... el té?

j. ¿Es .... revista?   ¿Es .... la revista?

k. ¿Son .... zapatos?   ¿Son .... los zapatos?

l. ¿Son .... gafas?   ¿Son .... las gafas?

Pronomi indefiniti

- **Nada**, *niente, nulla* e **algo**, *qualcosa*.

  Si usano come in italiano:

  – **Hay algo**, *C'è qualcosa*.   – **No hay nada**, *Non c'è nulla*.

  Nada e **algo** significano anche *niente affatto / per niente* e *un po'*.

  – **No me gusta nada**, *Non mi piace per niente*.   – **Es algo serio**, *È un po' serio*.

- **Nadie**, *nessuno* e **alguien**, *qualcuno*.

  Nadie con funzione di soggetto si costruisce in due modi come in italiano: **Nadie canta** e **No canta nadie**, *Nessuno canta* e *Non canta nessuno*. Poiché si riferiscono a persone, questi indefiniti devono essere preceduti dalla preposizione **a** quando hanno funzione di complemento oggetto:

  – **No quiere a nadie**, *Non ama nessuno*.   – **Quiero a alguien**, *Amo qualcuno*.

---

5 Completate con *nada* o *nadie*, poi traducete.

a. No comprendo ....

b. Aquí .... canta.

c. No quiero ....

d. .... me comprende.

e. No comprendo a ....

f. No es .... simpático.

g. Aquí no vive ....

h. .... me quiere.

CAPITOLO 4: POSSESSIVI, DIMOSTRATIVI, INDEFINITI

6 Completate con *algo* o *alguien*, poi traducete.

a. ¿Comprendes .... ?

b. ¿A .... no le gusta la paella?

c. ¿Quieres beber .... ?

d. ¿Quieres .... ?

e. Quiero hablar con ....

f. ¡.................... te llama por teléfono!

g. ¿Vive .... aquí?

h. Hablo .... de inglés.

Il sistema dei dimostrativi

- Aggettivi e pronomi dimostrativi seguono con precisione la distinzione dei rispettivi avverbi di luogo, a seconda della distanza dal parlante:

  – **Este libro, aquí.**
  – **Esas bicicletas, ahí.**
  – **Aquel libro, allí.**

- I pronomi (tranne i neutri) recano in più l'accento grafico:

  – **éste**, *questo*.
  – **aquéllos**, *quelli*.

- Da notare che lo spagnolo ha un pronome neutro diverso dal maschile e riferito a cose o concetti:

  – **Ese** libro es tuyo. (aggettivo)
  – **Eso** que tú dices. (pronome neutro)

	Questo/a/i/e	Codesto/a/i/e, questo/a/i/e	Quello/a/i/e
Avverbi	**aquí** (*qui / qua*)	**ahí** (*lì, qui*)	**allí, allá** (*là / laggiù*)
Aggettivi dimostrativi	**este libro** **estos libros** **esta bicicleta** **estas bicicletas**	**ese libro** **esos libros** **esa bicicleta** **esas bicicletas**	**aquel libro** **aquellos libros** **aquella bicicleta** **aquellas bicicletas**
Pronomi dimostrativi neutri	**esto** (*questo, ciò*)	**eso** (*codesto, ciò*)	**aquello** (*quello, ciò*)

- Come in italiano, i dimostrativi possono riferirsi anche al tempo, oltre che al luogo:

  – **En aquel tiempo.**

CAPITOLO 4: POSSESSIVI, DIMOSTRATIVI, INDEFINITI

7 Inserite in queste frasi gli avverbi di luogo corretti.

a. Me gusta bañarme ...., en esta playa.

b. Aquella playa, ..., es muy peligrosa.

c. ¿Qué es eso que llevas ....?

d. ¿Comemos ...., en este restaurante?

e. ¿Qué es aquello que veo ....?

f. Escribe tu número ...., en esa libreta.

8 Traducete le frasi dell'esercizio precedente.

a. ....
....

b. ....
....

c. ....

d. ....

e. ....
....

f. ....
....

9 Completate queste frasi con gli aggettivi dimostrativi appropriati.

a. ¿Es tuyo .... bolígrafo, ahí en tu mesa?

b. Quiero .... manzanas, aquí, las rojas.

c. En .... tiempos, no existían los ordenadores.

d. Yo vivo aquí, en .... casa azul.

e. Mi abuelo vive allí, en .... casa verde.

f. ¿Son vuestros .... zapatos, ahí en el suelo?

Complimenti, eccovi al termine del capitolo 4! Ora è il momento di contare le vostre icone e di riportare il risultato a pag. 128.

5
Ser, estar e la forma progressiva

Due verbi «essere»?

- In spagnolo si distingue il concetto di *essere*, a seconda che indichi l'essenza, l'essere sempre in un certo modo (**ser**) e il divenire, l'essere temporaneamente (**estar**).

- La forma o l'identità, non soggette a cambiamento, si esprimono con **ser**. Prima di un sostantivo si usa sempre **ser**: **Es una casa**, *È una casa*; **Es profesor**, *È professore*. La difficoltà di scelta fra **ser** e **estar** nasce solo quando dopo vi è un aggettivo.

- Quando l'aggettivo definisce un aspetto dell'identità di qualcosa o qualcuno (nazionalità, origine, convinzioni, qualità, descrizione fisica, materia), si usa **ser**: **Es italiano**, *È italiano*. Se invece l'aggettivo si riferisce a una circostanza, a qualcosa che per sua natura può essere transitorio (come stati d'animo o di salute), bisogna usare **estar**: **Está triste**, *È triste*.

SER	ESTAR
soy	estoy
eres	estás
es	está
somos	estamos
sois	estáis
son	están

1 Completate la traduzione in spagnolo di queste frasi utilizzando *ser* o *estar*.

a. Sono spagnola.
→ .... española.

b. Sei medico.
→ .... médico.

c. È alta.
→ .... alta.

d. Sono simpatici.
→ ....simpáticos.

e. Siete stanchi.
→ ....cansados.

f. Siete indignate.
→ .... indignadas.

g. Siamo contente.
→ .... contentas.

h. Sono credenti.
→ .... creyentes.

i. Sei malato.
→ .... enfermo.

CAPITOLO 5: *SER, ESTAR* E LA FORMA PROGRESSIVA

Uso degli aggettivi con *ser* e *estar*

- Il significato della maggior parte degli aggettivi fa sì che si possa usare solo uno o l'altro verbo:
  - **Es inteligente**, *È intelligente* (qualità permanente)
  - **Está solo**, *È solo* (situazione modificabile)

- A volte è possibile usare entrambi i verbi, ma in questo caso il senso sarà diverso, coerentemente con i significati di fondo di **ser** e di **estar**:
  - **Es malo**, *È cattivo* (carattere) / **Está malo**, *È malato* (salute)
  - **El cielo es azul**, *Il cielo è blu* (di per sé) / **El cielo está azul**, *Il cielo è blu* (oggi)

2 Identificate il valore del verbo «essere» in queste frasi e completatele con *ser* o *estar*.

a. Estas aceitunas .... muy buenas. *(Queste olive sono molto buone.)*

b. Las aceitunas .... buenas para la salud. *(Le olive sono buone per la salute.)*

c. Este perro .... muy vivo. *(Questo cane è molto vivace.)*

d. ¡El perro .... vivo! *(Il cane è vivo!)*

e. Mi padre .... muy joven. *(Mio padre è molto giovane.)*

f. Mi padre .... muy joven. *(Mio padre è molto giovanile.)*

g. Mis hermanas .... morenas.
   (Le mie sorelle sono brune.)

h. Mis hermanas .... morenas.
   (Le mie sorelle sono abbronzate.)

i. ¡Qué guapa ....!
   (Come sei bella!)

j. ¡Qué guapa ....!
   (Ti sei fatta proprio bella!)

CAPITOLO 5: *SER, ESTAR* E LA FORMA PROGRESSIVA

Ser e *estar* nell'espressione del tempo e dello spazio

- Quando *essere* vuol dire «trovarsi in un dato luogo», si usa **estar** perché questa condizione può mutare. Lo stesso vale in casi più astratti come domande, problemi, ecc.; in questi casi, anche l'italiano può preferire «stare» a «essere»:

  – **Estoy en Barcelona**, *Sono a Barcellona.*
  – **Aquí está la dificultad**, *Qui sta la difficoltà.*

- Per quanto riguarda la collocazione temporale, se questa è assoluta (ora, giorno, stagione) si usa **ser**:

  – **Hoy es lunes**, *Oggi è lunedì.*
  – **Son las dos de la tarde**, *Sono le due del pomeriggio.*
  – **En Argentina, Navidad es en verano**, *In Argentina, il Natale è in estate.*

- A volte, tuttavia, il punto di vista è quello di chi vede il tempo trascorrere; questi è allora il soggetto di **estar**, seguito da una preposizione:

  – **Estamos a viernes**, *Siamo a venerdì / È venerdì.*
  – **Estáis en invierno**, *Siete in inverno.*

3 A seconda del contesto, identificate il valore di «essere» nelle seguenti frasi e completatele con *ser* o *estar*.

a. La solución no .... evidente.

b. Nosotros .... en París.

c. El problema no .... ahí.

d. ¿Qué día .... hoy?

e. Yo .... italiano, ... de Roma.

f. .... la una de la tarde.

g. La fiesta nacional .... el 12 de octubre.

h. ¿Qué hora .... ?

i. La solución .... en el trabajo.

j. Mi cumpleaños .... en primavera.

k. No te veo: ¿dónde .... ?

l. Perdón, ¿a qué día .... hoy?

m. El problema .... importante.

n. El interés de la película .... en los personajes.

o. Pedro no .... en casa.

p. .... la una de la mañana.

q. Nochebuena .... la noche del 24 de diciembre.

CAPITOLO 5: *SER, ESTAR* E LA FORMA PROGRESSIVA

Il gerundio e la forma progressiva

- Il gerundio spagnolo si costruisce come quello italiano, aggiungendo al tema dell'infinito (a volte con modificazioni ortografiche, cfr. pag. 47) le seguenti desinenze:

  –ando per i verbi in **–ar**: **cantar → cantando**
  –iendo / **–yendo** per i verbi in **–er** e in **–ir**: **aprender → aprendiendo** / **escribir → escribiendo** / **leer → leyendo** / **construir → construyendo**

- I suoi usi principali, circostanziali, sono gli stessi del gerundio italiano, compresa una forma, detta progressiva, costruita con **estar** e del tutto analoga alla forma perifrastica italiana *stare* + gerundio:

  – **Viajando se aprende mucho,** *Viaggiando si impara molto.*
  – **Estoy trabajando**, *Sto lavorando.*

4 Volgete le seguenti frasi alla forma progressiva.

a. Abro la puerta. → ....

b. ¿A quién llamáis? → ....

c. Compramos el pan. → ....

5 In questa griglia sono nascosti sei gerundi. Cercateli in verticale, orizzontale e diagonale (anche al contrario), ricopiateli e scrivete il loro infinito.

B	A	I	L	A	N	D	O	O
U	C	F	Y	B	O	I	D	D
T	U	O	H	E	U	N	N	N
R	N	U	M	B	E	D	A	A
E	D	L	A	I	T	O	C	L
D	I	L	V	E	E	N	O	B
O	T	I	O	N	A	N	T	A
N	V	T	U	D	H	A	D	H
A	E	C	N	O	C	U	R	O

Gerundio   Infinito
....
....
....
....
....
....

CAPITOLO 5: *SER, ESTAR* E LA FORMA PROGRESSIVA

6 Utilizzate i verbi dell'esercizio precedente per completare le seguenti frasi con la forma progressiva.

a. Pedro y Juan .... una buena paella.

b. Yo .... vino y tú .... cerveza.

c. Mi hermano .... la guitarra con sus amigos.

d. Este año nosotros .... en Londres.

e. Lo que vosotros .... no es reggaetón, es cumbia.

f. ¿De qué me .... ? ¡No te entiendo!

Altri usi di *ser* e di *estar*

- «Sono io, ecc.»: si usa **ser** + pronome soggetto, come in italiano.

  – **Soy yo**, *Sono io.*
  – **Eres tú**, *Sei tu.*
  – **Es él**, *È lui.*

- «C'è...?»: in questo caso si usa **estar**.

  – **¿Estás?**, *Ci sei?*
  – **¿Está Pedro?**, *C'è Pedro?*

- Con la preposizione **de**: **ser** indica materia, provenienza o possesso; **estar** indica situazione, collocazione temporale o spaziale, stato d'animo.

  – **Es de plástico**, *È di plastica.*   – **Estoy de vacaciones**, *Sono in vacanza.*
  – **Es de Madrid**, *È di Madrid.*   – **Estoy de pie**, *Sono in piedi.*
  – **Es de Pedro**, *È di Pedro.*   – **Estoy de mal humor**, *Sono di malumore.*

7 Completate questi brevi dialoghi con le forme appropriate.

a. – ¿Quién es el siguiente?
   – ¡................ yo!

b. – ¿Quiénes son los padres de este niño?
   – ¡................ nosotros!

c. – ¿Quiénes son los primeros?
   – ¡................ ellos!

d. – ¿Quién es el amo de este perro?
   – ¡................ Usted!

CAPITOLO 5: *SER, ESTAR* E LA FORMA PROGRESSIVA

8 Completate utilizzando *ser* o *estar* alla persona corretta.

a. Este anillo no .... de oro.

b. ¿De quién .... este anillo?

c. Tú .... de buen humor.

d. ¿Usted .... de Madrid?

e. ¿Usted .... de aquí?

f. No, nosotros no .... de aquí.

g. Nosotros .... de viaje por España.

h. Yo .... de fiesta con unos amigos.

9 *Ser* o *estar*? Scegliete i giusti verbi per questa conversazione telefonica.

Hola, ¿**está** / **estás** Carmen?

Sí, **soy** / **estoy** yo.

¡Carmen! **Soy** / **Estoy** Juan, ¿cómo **estás** / **eres**?

¡Juan! ¡Qué contenta **estoy** / **soy** de hablar contigo! ¿Dónde **estás** / **eres**?

Estamos / **somos** de fin de semana en Londres Isabel y yo.

Complimenti, eccovi al termine del capitolo 5! Ora è il momento di contare le vostre icone e di riportare il risultato a pag. 128.

I presenti irregolari e la frase semplice

Verbi dittongati

- Il tema di alcuni infiniti subisce le seguenti modificazioni al presente indicativo:
  - la –o diventa –ue (d**o**rmir → d**ue**rmo, d**ue**rmes, dormo, dormi…)
  - la –e diventa –ie (ent**e**nder → ent**ie**ndo, ent**ie**ndes, capisco, capisci…)

- Queste trasformazioni non avvengono alla 1ª e alla 2ª persona plurale (cfr. tabella pagg. 114-115). A volte il verbo italiano corrispondente ha la medesima irregolarità, pensate a **venir** e a venire: v**ie**ni, v**ie**ne, ma veniamo, venite.

- Questi verbi possono appartenere a tutte e tre le coniugazioni spagnole:
  - in **–ar**: **contar** (contare, raccontare), **cerrar** (chiudere), **sentarse** (sedersi), **pensar en** (pensare a), **acordarse de** (ricordare, ricordarsi di)
  - in **–er**: **entender** (capire), **volver** (ritornare), **poder** (potere), **perder** (perdere)
  - in **–ir**: **divertirse** (divertirsi), **mentir** (mentire)

1 Completate con i verbi dittongati dell'elenco a destra, coniugandoli alla persona opportuna.

a. Los niños .... frecuentemente a sus padres.
b. Yo .... mucho con la consola.
c. Cuando .... del trabajo, estoy muy cansado.
d. Cuando estamos lejos, no .... de las personas.
e. ¿Tú .... lo que te estoy explicando?
f. Te quiero mucho y .... mucho en ti.
g. ¿Vosotros .... la puerta con llave cuando salís?
h. La clase comienza cuando los alumnos ....
i. Los abuelos siempre .... historias a sus nietos.
j. Nosotros .... mucho tiempo jugando con la Play.
k. Mi hijo de dos años es muy listo: ¡ .... hasta diez!
l. ¿Vosotros .... la siesta por las tardes?

acordarse · **cerrar** · **contar** · **entender** · **dormir** · **sentarse** · **mentir** · **pensar** · **poder** · **volver** · **perder** · **divertirse**

CAPITOLO 6: I PRESENTI IRREGOLARI E LA FRASE SEMPLICE

Verbi in *-go* e in *-zco*

- La desinenza della 1ª persona singolare di dieci verbi di uso comune è **–go**. Il resto del presente potrà essere regolare o no, ma in ogni caso non avrà la **g**.

  – **caer** *(cadere)* → **caigo, caes**…
  – **hacer** *(fare)* → **hago, haces**…
  – **poner** *(mettere)* → **pongo, pones**…
  – **tener** *(avere)* → **tengo, tienes**…
  – **valer** *(valere)* → **valgo, vales**…
  – **decir** *(dire)* → **digo, dices**…
  – **oír** *(sentire)* → **oigo, oyes**…
  – **salir** *(uscire)* → **salgo, sales**…
  – **traer** *(portare)* → **traigo, traes**…
  – **venir** *(venire)* → **vengo, vienes**…

  Come potete vedere, spesso l'italiano presenta lo stesso fenomeno.

- I verbi i cui infiniti terminano in **–acer**, **–ecer**, **–ocer**, **–ucir** hanno la 1ª singolare che finisce in **–zco** (e anche qui ci sono analogie con l'italiano). Le altre persone sono regolari.
  Eccezione: il verbo **hacer** (cfr. punto precedente).

  – **conocer** *(conoscere)*: **conozco, conoces**…
  – **nacer** *(nascere)*: **nazco, naces**…
  – **parecer** *(sembrare, parere)*: **parezco, pareces**…
  – **conducir** *(guidare)*: **conduzco, conduces**…

2 Rispondete alle seguenti domande, alla 1ª persona singolare e in forma negativa.

a. ¿Conoces Barcelona?
   → No, no ……………………………………

b. ¿Oyes algo?
   → No, no ……………………………………

c. ¿Sales a pasear?
   → ……………………………………………

d. ¿Te pones la gabardina?
   → ……………………………………………

e. ¿Conduces bien?
   → ……………………………………………

f. ¿Haces algo?
   → ……………………………………………

g. ¿Dices algo?
   → ……………………………………………

h. ¿Tienes dinero?
   → ……………………………………………

i. ¿Vienes conmigo?
   → ……………………………………………

j. ¿Traduces del inglés?
   → ……………………………………………

k. ¿Me reconoces?
   → ……………………………………………

l. ¿Me obedeces?
   → ……………………………………………

CAPITOLO 6: I PRESENTI IRREGOLARI E LA FRASE SEMPLICE

La forma interrogativa

- In spagnolo, le domande si formulano come in italiano. L'unica differenza, nello scritto, è il caratteristico punto interrogativo rovesciato, ¿, posto laddove inizia la domanda.

  – **¿No lo sabes?**, *Non lo sai?*

- In un periodo composto da più frasi, ¿ si può trovare non all'inizio del periodo bensì della frase interrogativa in senso stretto.

  – **¿Es tu hermano el que está hablando? / ¿El que está hablando es tu hermano? / El que está hablando, ¿es tu hermano?**, *È tuo fratello quello che parla? / Quello che parla è tuo fratello?*

- Gli avverbi e gli aggettivi e pronomi interrogativi funzionano come in italiano. Hanno sempre l'accento grafico, a differenza dei loro corrispettivi non interrogativi: **donde**, **porque** (quest'ultimo, inoltre, scritto in un'unica parola), **como**, ecc.

  – **¿Cómo?**, *Come?*
  – **¿Por qué?**, *Perché?*
  – **¿Qué?**, *Che? Cosa? Che cosa?*
  – **¿Cuánto(s)? / ¿Cuánta(s)?**, *Quanto/a/i/e?*
  – **¿Dónde?**, *Dove?*
  – **¿Cuándo?**, *Quando?*
  – **¿Cuál(es)?**, *Quale/i?*
  – **¿Quién(es)?**, *Chi?* (singolare e plurale)

3 Scrivete nei fumetti la domanda corrispondente a ogni risposta.

a. ¡Estoy muy bien!
b. Cuesta veinte euros.
c. Mi coche es el verde.
d. Mi cumpleaños es el 12.
e. Mis zapatos son los marrones.
f. Nosotros somos los padres de este niño.

CAPITOLO 6: I PRESENTI IRREGOLARI E LA FRASE SEMPLICE

La forma esclamativa

- Gli avverbi e gli aggettivi e pronomi esclamativi sono analoghi agli interrogativi: hanno sempre l'accento grafico. Le esclamazioni sono a loro volta introdotte dal punto esclamativo rovesciato, **¡**:

    - **qué** + aggettivo o nome: **¡Qué tonto!**, *Che stupido!*, **¡Qué coche!**, *Che macchina!*
    - **cuánto** + verbo: **¡Cuánto come!**, *Quanto mangia!*
    - **cuánto(s)** o **cuánta(s)** + nome: **¡Cuántos libros!**, *Quanti libri!*

- Se nella frase esclamativa sono presenti sia un nome sia un aggettivo qualificativo, si inserisce un elemento in più rispetto all'italiano e la costruzione sarà la seguente: **¡Qué** + nome + **más** (o **tan**) + aggettivo**!**

    - **¡Qué cosa más rara!**, *Che cosa strana!*
    - **¡Qué película tan bonita!**, *Che bel film!*

- Se l'esclamazione riguarda un'intera frase, l'ordine degli elementi è analogo a quello italiano, con il verbo seguito dal soggetto:

    - **¡Qué caro es este coche!**, *Che cara [che è] questa macchina! / Quanto è cara questa macchina!*
    - **¡Cuánto trabajo tienen los alumnos!**, *Quanto lavoro hanno gli studenti!*
    - **¡Qué casa más bonita tiene Juan!**, *Che bella casa ha Juan!*

CAPITOLO 6: I PRESENTI IRREGOLARI E LA FRASE SEMPLICE

4 Completate queste frasi con la giusta esclamazione, accordata se necessario.

a. ¡........................ habla mi suegra!

b. ¡.......... difíciles son estos problemas!

c. ¡............. amigas tienes en Facebook!

d. ¡........................ alta es esta chica!

e. ¡........................ duermen los bebés!

f. ¡................... perros hay en esta casa!

g. ¡............................. tarde venís!

h. ¡............. dinero tiene este hombre!

5 Formate delle esclamazioni con gli elementi dati.
Es.: Un libro molto interessante. → Che libro interessante!

a. Un libro muy interesante.

→ ....

b. Una perra muy simpática.

→ ....

c. Unas playas muy bonitas.

→ ....

d. Unos coches muy rápidos.

→ ....

6 Trasformate queste frasi enunciative in esclamative.
Es.: Questo bambino sembra molto stanco. → Che stanco sembra questo bambino!

a. Este niño parece muy cansado.

→ ....

b. Estoy muy cansado.

→ ....

c. Tienes un aspecto muy cansado.

→ ....

d. Miguel tiene un perro muy listo.

→ ....

e. Mis amigos cuentan cosas muy divertidas.

→ ....

f. Usted escribe libros muy interesantes.

→ ....

g. Los españoles comen muy tarde.

→ ....

CAPITOLO 6: I PRESENTI IRREGOLARI E LA FRASE SEMPLICE

I comparativi di maggioranza, minoranza e uguaglianza

- Per introdurre il secondo termine di paragone, nei comparativi di maggioranza e minoranza, si usa sempre **que**; inoltre, i pronomi personali sono quelli soggetto:

  – **Eres más alto que yo**, *Sei più alto di me.*
  – **España es menos poblada que Italia**, *La Spagna è meno popolata dell'/ che l'Italia.*

- Il comparativo di uguaglianza distingue la comparazione fra aggettivi e fra nomi.

  – **tan** [+ agg.] **como**: **Estoy tan cansado como tú**, *Sono (tanto / così) stanco quanto / come te.*
  – **tanto(s)**, **tanta(s)** [+ nome] **como**: **Tengo tantas hermanas como hermanos**, *Ho tante sorelle quanti fratelli.*

- Gli aggettivi **bueno**, **malo** (nonché gli avverbi **bien** e **mal**), **grande** e **pequeño** hanno comparativi irregolari simili a quelli italiani.

  – **mejor(es)**, *migliore/i* (e *meglio*)   – **peor(es)**, *peggiore/i* (e *peggio*)
  – **mayor(es)**, *maggiore/i, più grande/i*   – **menor(es)**, *minore/i, più piccolo/a/i/e*

7 Completate queste frasi con i comparativi irregolari spagnoli.

a. José tiene cuarenta y cinco años, Pedro cincuenta y Juan treinta y ocho: José es .... que Juan y .... que Pedro.

b. Vivir en una ciudad es .... para las diversiones pero el aire es de .... calidad que en el campo.

8 Traducete le seguenti frasi.

a. Conosco meno città di te.
→ ....

b. Ho più libri di lui.
→ ....

c. La birra è cara quanto in Italia.
→ ....

d. Lavoro tante ore quanto te.
→ ....

e. Lavora quanto me.
→ ....

f. Sono così alti come stupidi.
→ ....

Complimenti, eccovi al termine del capitolo 6! Ora è il momento di contare le vostre icone e di riportare il risultato a pag. 128.

Lessico e lettura 1: identità e famiglia

Nome, cognome, indirizzo, professione

- **El nombre** è *il nome*. *Il cognome* è **el apellido** o, più propriamente, **los apellidos** al plurale, perché gli spagnoli hanno tradizionalmente due cognomi, quello paterno e quello materno.

- Curiosità: dietro la *carta d'identità*, **DNI (Documento Nacional de Identidad)**, sono nominati anche i genitori. Le sigle per il sesso sono **M (mujer)** e **V (varón)**.

- Ecco le abbreviazioni correnti negli indirizzi: **calle** (*via*) può essere scritta **C/**, **avenida** (*corso*) diventa **Avda.** e **plaza** (*piazza*) si abbrevia in **Pza.** Il numero civico segue il nome della via, come in italiano: **C/ San Miguel, 19**, o anche soltanto **San Miguel, 19**.

- **¿En qué trabajas?** e **¿A qué te dedicas?** sono le formule più usate per chiedere a qualcuno di che cosa si occupa o che cosa fa nella vita: *Che lavoro fai?*

1 Mettete in ordine le battute di questo dialogo numerandole da 1 a 6.

☐ Soy de Madrid.

☐ ¿A qué te dedicas?

☐ Hola, me llamo Ana, y tú, ¿cómo te llamas?

☐ Encantada. Soy argentina. Y tú, ¿de dónde eres?

☐ Trabajo en un hospital, soy enfermero.

☐ Hola, yo soy Luis. Encantado.

LESSICO E LETTURA 1: IDENTITÀ E FAMIGLIA

2 Leggete questi biglietti da visita e collegate ogni domanda alla sua risposta.

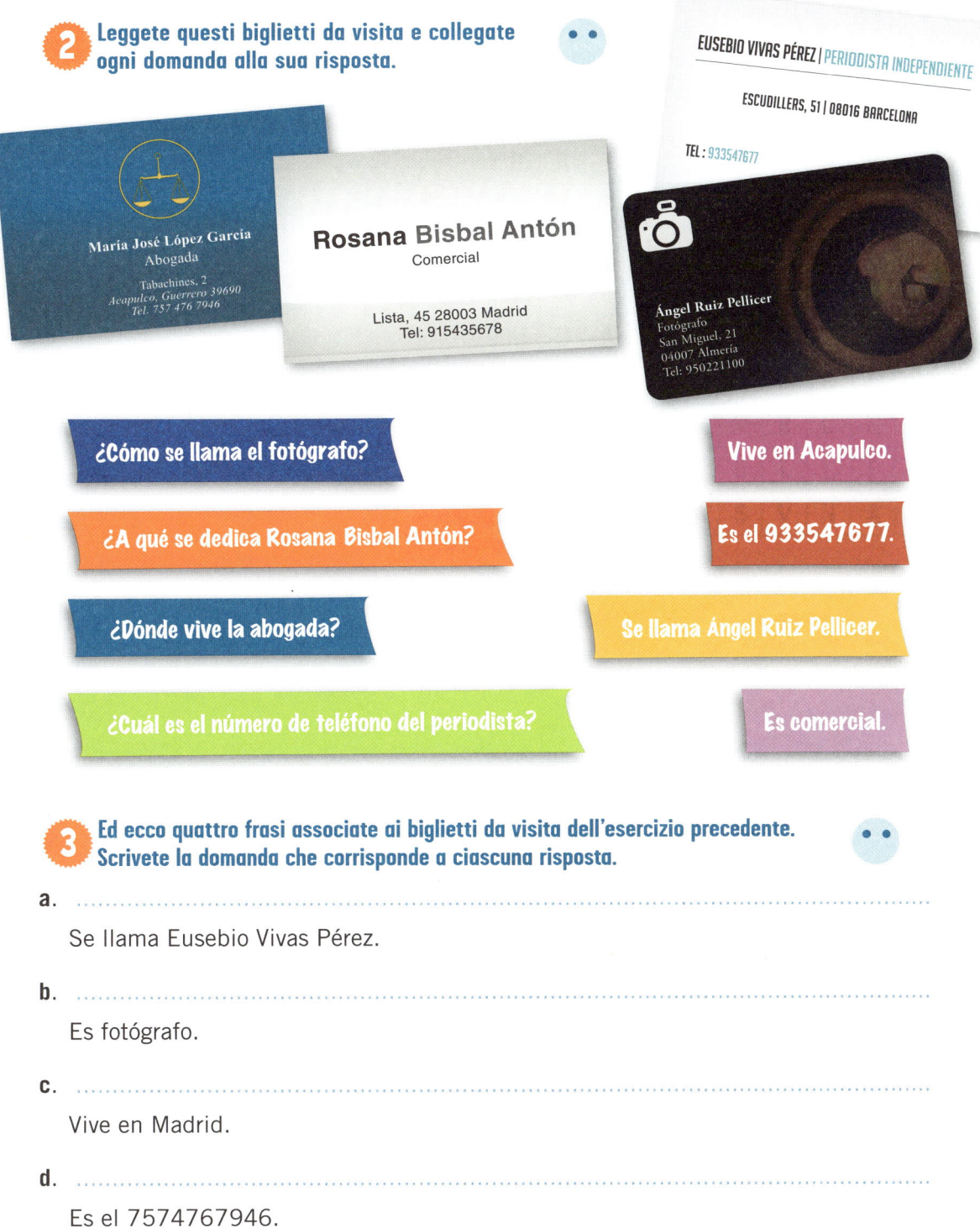

3 Ed ecco quattro frasi associate ai biglietti da visita dell'esercizio precedente. Scrivete la domanda che corrisponde a ciascuna risposta.

a. ....
Se llama Eusebio Vivas Pérez.

b. ....
Es fotógrafo.

c. ....
Vive en Madrid.

d. ....
Es el 7574767946.

LESSICO E LETTURA 1: IDENTITÀ E FAMIGLIA

I cognomi in Spagna

- Non tutti gli spagnoli si chiamano **Martínez** o **González**... anche se questa uscita in **–ez** è molto frequente. Si tratta di una desinenza arcaica che significa «figlio di»: «figlio di Martín, figlio di Gonzalo». Ma il cognome più comune è...

Un po' di lessico per aiutarvi:

- cada: **ogni**
- mismo: **stesso**
- usuario: **utente**
- todo: **tutto**
- otro(s) tanto(s), otra(s) tanta(s): **altrettanto/a/i/e**
- tras: **dopo**

Un país de Marías y Garcías

Seis millones de mujeres se llaman María y tres millones de hombres José

María para ellas. José para ellos. Son los nombres que más abundan en la población de España. Incluyendo los nombres compuestos (María del Carmen, María del Mar...), lo llevan 274 de cada mil mujeres. Entre los 22,5 millones de hombres, ocurre lo mismo con José, con tres millones de usuarios (130 de cada mil españoles). Y de apellido, sobre todo García: lo lleva en primer lugar en torno a un millón y medio de personas. Para otras tantas es el segundo. O sea, que consta en el DNI de siete de cada 100 residentes en España. Y tras García, González, Fernández y Rodríguez (cada uno de ellos lo llevan de primero casi 900.000 personas).

4 Cercate nell'articolo le frasi corrispondenti alle prime due dell'esercizio (a, b), poi traducete le frasi c, d.

a. 274 donne su mille → ....

b. 7 residenti su 100 → ....

c. Un uomo su dieci → ....

d. Tre donne su quattro → ....

5 Vero o falso?

	VERDADERO	FALSO
a. Unas 900.000 personas se apellidan Rodríguez de primer apellido. →	☐	☐
b. Unas 900.000 personas se apellidan García Rodríguez. →	☐	☐
c. 1.500.000 personas se llaman García de primer apellido. →	☐	☐
d. 1.500.000 personas se llaman García de segundo apellido. →	☐	☐
e. 3.000.000 personas se llaman García de primer apellido. →	☐	☐
f. 3.000.000 personas se llaman García de segundo apellido. →	☐	☐

LESSICO E LETTURA 1: IDENTITÀ E FAMIGLIA

L'importanza di chiamarsi...

Per gli spagnoli **la onomástica**, *l'onomastico* di una persona è altrettanto importante che **el cumpleaños**, *il compleanno*. Sono frequenti i diminutivi e le abbreviazioni di certi nomi: **Pedrito** per **Pedro**, **Isabelita** per **Isabel**, **Pepe** per **José**, **Paco** per **Francisco**, **Lola** per **Dolores**, ecc.

Un po' di lessico per aiutarvi:

- siglo: **secolo**
- hasta: **fino a**
- seguir, seguido: **seguire, seguito**
- por: **da** *(compl. d'agente)*

LOS NOMBRES: UN SIGLO DE MODAS

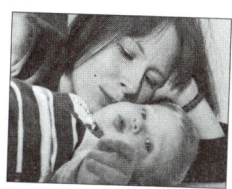

Entre comienzos del siglo XX y finales de los años treinta, los nombres más frecuentes para las mujeres son María (campeón absoluto) y Carmen. Con los hombres, José es el nombre más habitual hasta los cuarenta. En los años cincuenta y sesenta Antonio fue el preferido, combinado con José. En los setenta, David se convierte en líder absoluto hasta comienzos del siglo XXI. A partir de 2000, Alejandro es el bautismo más frecuente, seguido por Daniel, Pablo o Adrián.

6 Completate lo schema con le informazioni presenti nell'articolo:
— una crocetta se il nome predomina nel decennio considerato.
— due crocette se si colloca in posizioni diverse dalla prima.
— nulla se non ci sono informazioni per quel decennio.

	1900 1910	1910 1920	1930 1940	1940 1950	1950 1960	1960 1970	1970 1980	1980 1990	1990 2000	2000 ....
Adrián										
Alejandro										
José Antonio										
Daniel										
David										
José										
Pablo										

LESSICO E LETTURA 1: IDENTITÀ E FAMIGLIA

7 Cercate nell'articolo le frasi corrispondenti alle prime tre dell'esercizio (a, b, c), poi traducete le frasi d, e, f.

a. Il xxi secolo ➔ ....

b. L'inizio del xx secolo ➔ ....

c. La fine degli anni Trenta ➔ ....

d. Fino alla fine degli anni '50 ➔ ....

e. A partire dall'inizio degli anni Ottanta ➔ ....

f. Il Novecento ➔ ....

Parenti e... affini

Gli spagnoli distinguono **la familia**, *la famiglia* di nascita, dalla **familia política**, *i parenti del coniuge*. Nel caso sempre più frequente di famiglie allargate, il vocabolario si sta adattando ai mutamenti sociali e sta perdendo termini ormai sentiti come dispregiativi, esattamente come accade in italiano: non si diranno praticamente più **padrastro**, **madrastra**, **hermanastro** o **hermanastra**, come noi normalmente evitiamo *patrigno*, *matrigna*, *fratellastro* o *sorellastra*. Si usano piuttosto perifrasi (**el marido de mi madre, la mujer de mi padre**) o semplicemente termini come **mi hermano, mi hermana**.

Un po' di lessico per aiutarvi:

- padre, madre: **padre, madre**
- fratello, sorella: **hermano, hermana**
- zio, zia: **tío, tía**
- nipote (degli zii): **sobrino, sobrina**
- cugino, cugina: **primo, prima**
- nonno, nonna: **abuelo, abuela**
- nipote (dei nonni): **nieto, nieta**
- cognato: **cuñado**
- cognata: **cuñada**
- genero: **yerno**
- nuora: **nuera**
- suocero: **suegro**
- suocera: **suegra**

LESSICO E LETTURA 1: IDENTITÀ E FAMIGLIA

8 Dopo aver imparato i nomi di parentela, cercate di indovinare come si chiamano i membri di questa famiglia servendovi delle informazioni fornite qui sotto. Riportate poi ciascun nome nell'albero genealogico.

a. Paula no tiene hermanos.

b. Javier es el yerno de Carmen.

c. Antonio es el tío de Paula.

d. Andrés es el sobrino de Antonio.

e. Juan es el nieto de José.

f. Lucía es la hermana mayor de Dolores.

g. Dolores y Luisa son primas.

h. Rocío es la cuñada de Lorenzo.

i. María es la madre de Lucía.

Complimenti, eccovi al termine del capitolo Lessico e lettura 1! Ora è il momento di contare le vostre icone e di riportare il risultato a pag. 128.

Perifrasi verbali e presenti irregolari

L'iterazione

- Lo spagnolo ricorre volentieri a perifrasi verbali, costruite con l'infinito, il gerundio o il participio passato. L'iterazione, per esempio, di solito non si esprime con un prefisso preposto al verbo, come l'italiano «ri-»: si preferisce la costruzione **volver** (verbo dittongato coniugato) + **a** + infinito.

    – **Vuelvo a decir**, *Ridico / Ripeto*.
    – **Volvemos a cantar**, *Ricantiamo / Cantiamo di nuovo*.

- Con lo stesso significato, è possibile anche utilizzare le espressioni **de nuevo** o **otra vez**.

    – **Canto de nuevo**, *Canto di nuovo*.
    – **Me duermo otra vez**, *Mi riaddormento*.

1 Riformulate queste frasi iterative, trasformando la costruzione usata in perifrasi verbale. Mantenete la persona grammaticale.

a. Llama de nuevo a su hijo.
→ ....

b. Contáis otra vez la misma historia.
→ ....

c. El niño miente otra vez.
→ ....

d. Nazco de nuevo.
→ ....

e. Cierran de nuevo la puerta.
→ ....

f. Estamos juntos otra vez.
→ ....

g. Trabajan de nuevo en Madrid.
→ ....

h. Usted viaja a España otra vez.
→ ....

i. Somos amigos de nuevo.
→ ....

j. Leemos otra vez este libro.
→ ....

CAPITOLO 7: PERIFRASI VERBALI E PRESENTI IRREGOLARI

L'azione abituale

- Per esprimere un'azione abituale, si usa il verbo dittongato **soler** coniugato e seguito da un infinito, senza preposizioni tra i due. Anche in questo caso abbiamo a disposizione costruzioni sinonime: **a menudo**, *spesso*; **con frecuencia**, *di frequente*; **habitualmente**, *abitualmente / di solito*.

  – **Suelo ir a la piscina.** / **Voy a menudo a la piscina**, *Vado spesso in piscina*.
  – **Suelen cenar a las diez.** / **Cenan habitualmente a las diez**, *Di solito cenano alle dieci*.

2 Riformulate queste azioni abituali, trasformando la costruzione usata in perifrasi verbale. Mantenete la persona grammaticale.

a. Mi abuelo se acuerda a menudo de mí.
→ ....

b. Conduzco a menudo una moto.
→ ....

c. Pierdes tus llaves con frecuencia.
→ ....

d. Me siento a menudo en este banco.
→ ....

e. Hacemos deporte con frecuencia.
→ ....

f. Habitualmente usted entiende rápido.
→ ....

g. Habláis a menudo francés.
→ ....

h. Comes habitualmente a las tres.
→ ....

i. ¿Sales con frecuencia a bailar?
→ ....

j. Estamos a menudo en casa.
→ ....

CAPITOLO 7: PERIFRASI VERBALI E PRESENTI IRREGOLARI

Verbi con alternanza vocalica

- Il cosiddetto «triangolo vocalico» esemplifica il grado di apertura delle vocali, in base al loro punto di articolazione: la A è la più aperta; la I e la U sono le più chiuse; la E e la O occupano una posizione intermedia.

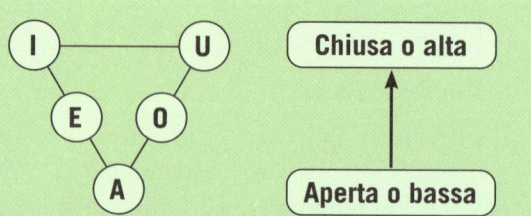

- Si parla di alternanza vocalica quando alcuni verbi della 3ª coniugazione in **-ir** che hanno una **-e** nella penultima sillaba dell'infinito, la mutano in **-i** in certe forme. Esempio: **p<u>e</u>dir**, *chiedere (per ottenere)*. Al presente indicativo il tema **ped-** diventa **pid-**, tranne che alla 1ª e 2ª persona plurale: **pido**, **pides**, **pide**, **pedimos**, **pedís**, **piden**.

- Altri verbi dello stesso tipo: **despedirse**, *congedarsi*; **medir**, *misurare, essere alto*; **reír**, *ridere*; **repetir**, *ripetere*; **servir**, *servire*; **sonreír**, *sorridere*; **vestir**, *vestire*.

3 Individuate le sei forme sbagliate della coniugazione di *reír* al presente indicativo, eliminatele e scrivete il presente corretto.

Presente indicativo di *reír*

ríes   reímos   rein
reís   riemos   río
rien   reo   reí
riéis ríe   rees

4 Utilizzate questi sette verbi con alternanza vocalica nelle rispettive frasi, coniugandoli al presente indicativo.

medir   vestir   servir   despedirse   pedir   sonreír   repetir

CAPITOLO 7: PERIFRASI VERBALI E PRESENTI IRREGOLARI

a. ¿Por qué ....? ¿Pensáis en algo divertido?
b. Tú, ¿cómo .... de la gente: das un beso o das la mano?
c. Mi hermano .... un metro noventa.
d. Nosotros siempre .... pantalones vaqueros.
e. Los niños siempre .... dinero a los padres.
f. Camarero, ¿me .... Usted una cerveza, por favor?
g. Si no .... muchas veces la conjugación, no me acuerdo.

5 **Traducete queste voci verbali.**

a. Servo: ....
b. Ripetiamo: ....
c. Chiedi: ....
d. Si congeda: ....
e. Misurano: ....

f. Lei ride *(forma di cortesia)*:
....
g. Sorridete:
....
h. Vesto: ....

Particolarità ortografiche

- **Decir**, come abbiamo visto (cfr. pag. 33), ha la 1ª persona singolare irregolare. Nel resto del presente indicativo, tranne le prime due persone plurali, è un verbo con alternanza vocalica: **digo**, **dices**, **dice**, decimos, decís, **dicen**.
- I verbi il cui tema finisce in –**g** o in –**gu**, come **seguir**, *seguire*, *continuare*, o **elegir**, *scegliere*, subiscono delle modificazioni ortografiche per ragioni di pronuncia:
  – –**g**– diventa –**j**–: **elijo**, *scelgo* (le altre persone non cambiano)
  – –**gu**– diventa –**g**–: **sigo**, *seguo*, *continuo* (le altre persone mantengono il gruppo –**gu**–)
- Anche il gerundio dei verbi con alternanza vocalica subisce la stessa trasformazione:
  – **pedir**, *chiedere* → **pi**di**endo**, *chiedendo*
  – **decir**, *dire* → **di**ci**endo**, *dicendo*
- Alcuni verbi dittongati presentano alternanza vocalica al gerundio e in altre forme:
  – **dormir**, *dormire* → **durmiendo**, *dormendo*

CAPITOLO 7: PERIFRASI VERBALI E PRESENTI IRREGOLARI

6 Riformulate alla forma progressiva.

a. ¿Qué dices? → ....

b. ¿Por qué sonríe Usted? → ....

c. Mis hermanas se visten. → ....

d. No pedimos nada. → ....

e. Repito la lección. → ....

f. No medís bien. → ....

g. Se despide de la abuela. → ....

7 Completate le seguenti frasi con i verbi *seguir* o *elegir* coniugati.

a. Entre París y Londres yo .... París.

b. ¿ .... o abandonáis la carrera?

c. Usted .... muy bien los colores con que viste.

d. Estoy cansado: no ....

e. Entre carne y pescado, nosotros .... pescado.

f. Es un perro fiel: siempre .... a su amo.

g. Los gatos son independientes: no .... a nadie.

h. .... a tus amigos pero no a tus familiares.

CAPITOLO 7: PERIFRASI VERBALI E PRESENTI IRREGOLARI

La continuità dell'azione

- Per esprimere un'azione iniziata nel passato che continua nel presente, lo spagnolo utilizza la forma perifrastica composta da **seguir** coniugato + gerundio, senza aggiunta di preposizioni.

    – **Sigo trabajando en el turismo**, *Continuo a lavorare nel turismo.*
    – **Seguimos viviendo en Madrid**, *Viviamo ancora a Madrid.*

- Come al solito, possiamo ricorrere anche ad avverbi di tempo come **aún** e **todavía**, che corrispondono ad *ancora*.

    – **Vivimos aún en Madrid**, *Viviamo ancora a Madrid.*
    – **¿Todavía estás trabajando?**, *Stai ancora lavorando?*

8 Sostituite gli avverbi di tempo in queste frasi con la perifrasi verbale che esprime la continuità dell'azione. Mantenete la persona grammaticale.

a. Aún escribo a mano. → ....

b. Todavía existen personas sin ordenador. → ....

c. Mi vieja pluma aún sirve. → ....

d. Y tú, ¿todavía usas pluma y papel? → ....

e. Usted aún hace las cosas como antes. → ....

f. Aún sois fieles al pasado. → ....

g. Todavía sonreímos con las películas de Charlot.

   → ....

Complimenti, eccovi al termine del capitolo 7! Ora è il momento di contare le vostre icone e di riportare il risultato a pag. 128.

8 Il congiuntivo presente

Formazione e uso del congiuntivo presente

- Come in italiano il congiuntivo si usa in varie subordinate, tra cui quelle rette da verbi di volontà (**quiero que...**, *voglio che...*) e da congiunzioni finali (**para que...**, *affinché...*).

- Il tema per formarlo è quello della 1ª persona singolare dell'indicativo presente. Analogamente ai nostri congiuntivi, la vocale della desinenza cambia: i verbi in **–ar** hanno il congiuntivo in **–e**, i verbi in **–er** e **–ir** ce l'hanno in **–a**:

    – **cantar:** cante, cantes, cante, cantemos, cantéis, canten
    – **comer:** coma, comas, coma, comamos, comáis, coman
    – **subir:** suba, subas, suba, subamos, subáis, suban

- Se la 1ª persona singolare dell'indicativo presente è irregolare, tutta la coniugazione del congiuntivo lo sarà (verbi in **–go**, in **–zco** e verbi con alternanza vocalica).

    – **decir:** diga, digas, diga, digamos, digáis, digan
    – **conocer:** conozca, conozcas, conozca, ...
    – **pedir:** pida, pidas, pida, ...

- Eccezione: i verbi dittongati si comportano come all'indicativo.

    – **contar:** cuente, cuentes, cuente, contemos, contéis, cuenten

1 Completate la tabella del congiuntivo presente con gli infiniti e le forme coniugate mancanti.

infinito	yo	tú	él, ella, usted	nosotros, nosotras	vosotros, vosotras	ellos, ellas
cantar						
						escriban
	salga					
		vistas				
				pensemos		
			lea			
					conozcáis	

CAPITOLO 8: IL CONGIUNTIVO PRESENTE

2 Con le forme dello schema precedente, completate le seguenti frasi.

a. Hola, abuela, este libro es para ti, para que lo .... pensando en mí.

b. Quiero que vosotros le .... una bonita carta a la abuela.

c. A la abuela no le gusta Mario: no quiere que su nieta .... con él.

d. La abuela quiere que nosotros .... bien para su cumpleaños.

e. Queremos que Usted también .... a la abuela.

f. La abuela me llama muy a menudo para que siempre .... en ella.

g. La abuela quiere que sus nietos le .... la canción del cumpleaños feliz.

3 Sebbene *Papá Noel* guadagni terreno, i piccoli spagnoli scrivono soprattutto ai Re Magi, *los Reyes Magos*, per chiedere i regali che saranno loro consegnati il 6 gennaio. In questa letterina, sottolineate i quattro verbi al congiuntivo presente.

> Queridos Reyes Magos:
>
> Soy un niño bueno y obediente que quiere mucho a sus padres. Por eso quiero que me traigáis un tren eléctrico muy grande, con muchos vagones para que pueda jugar con todos mis amigos.
> Ah, si es posible, también quiero que vengáis antes del 6 de enero porque el 8 vuelvo al cole y mis padres no quieren que juegue cuando hay escuela.
>
> ¡Muchas gracias!
> Manolito.

CAPITOLO 8: IL CONGIUNTIVO PRESENTE

4 Riportate in questa tabella la coniugazione completa, al congiuntivo presente, dei quattro verbi trovati nella lettera di Manolito.

infinito				
yo				
tú				
él, ella, usted				
nosotros/as				
vosotros/as				
ellos, ellas				

Esprimere il desiderio e il rimpianto

- Il congiuntivo è inoltre utilizzato in frasi indipendenti, per esempio per esprimere il desiderio o il rimpianto.

- Il desiderio è espresso di solito con **ojalá** (dall'arabo *law šā' llāh*, *se Dio volesse*), *magari*, *speriamo*, seguito dal congiuntivo. Si usa anche **que** + congiuntivo, corrispondente ai nostri imperativi di augurio.

    – **Ojalá pueda venir**, *Speriamo che possa venire*.
    – **Ojalá haga buen tiempo**, *Speriamo che faccia bello*.
    – **¡Que volváis pronto!**, *Tornate presto!*
    – **¡Que tengas suerte!**, *Buona fortuna!*

- Il rimpianto e il rammarico si esprimono con **Lástima que**... o **Qué pena que**..., *(Che) Peccato che...* + congiuntivo.

    – **Lástima que no estés aquí**, *Peccato che tu non sia qui*.
    – **Qué pena que no vengas**, *Peccato che tu non venga*.

5 Traducete questi auguri utilizzando *que* + *congiuntivo*.

a. Vivete felici! → ....

b. Ballate bene! → ....

c. Divertiti! → ....

d. Torna presto! → ....

CAPITOLO 8: IL CONGIUNTIVO PRESENTE

6 Esprimete questi desideri utilizzando *ojalá* e gli elementi forniti.

a. ellos / tener un buen viaje.
   → ....

b. usted / vivir muchos años.
   → ....

c. yo / poder asistir a tu cumpleaños.
   → ....

d. vosotros / gustar esta paella.
   → ....

e. tú / entender el problema. → ....

f. nosotros / volver a España. → ....

g. los Reyes Magos / traer muchos regalos. → ....

h. tú / seguir teniendo suerte. → ....

7 Esprimete un rammarico partendo dall'inizio di frase proposto: mantenete la persona grammaticale e coniugate i verbi.

a. No hablamos inglés. Qué lástima que no ....

b. No bebéis cerveza. Qué lástima que no ....

c. No me gusta bailar. Qué lástima que no ....

d. No bailas bien. Qué lástima que no ....

e. No conocen a mi hermana. Qué lástima que no ....

f. No oyes bien. Qué lástima que no ....

g. No sirvo para nada. Qué lástima que no ....

h. No sonríen nunca. Qué lástima que no ....

CAPITOLO 8: IL CONGIUNTIVO PRESENTE

L'imperativo negativo

- A differenza dell'italiano, lo spagnolo esprime l'imperativo negativo sempre per mezzo del congiuntivo: non soltanto, quindi, per quanto riguarda la 1ª persona plurale, la 3ª singolare e la 3ª plurale (che sono al congiuntivo anche all'affermativo, poiché queste persone formano il cosiddetto imperativo indiretto), ma anche per la 2ª persona singolare (niente infinito, quindi) e plurale. Per l'imperativo affermativo a tutte le persone, cfr. pag. 64 e pag. 66.

  – **No cantes,** *Non cantare.*
  – **No cantéis,** *Non cantate.*
  – **No cante (usted),** *Non canti.*
  – **No canten (ustedes),** *Non cantate / Non cantino.*

  – **No comas,** *Non mangiare.*
  – **No comáis,** *Non mangiate.*
  – **No coma (usted),** *Non mangi.*
  – **No coman (ustedes),** *Non mangiate / Non mangino.*

8 Identificate il *tratamiento* in ciascuna di queste frasi all'imperativo negativo, poi trasformatele all'altra persona.

	Tú	Usted	
a.	☐	☐	....
b.	☐	☐	....
c.	☐	☐	....
d.	☐	☐	....
e.	☐	☐	....
f.	☐	☐	....
g.	☐	☐	....
h.	☐	☐	....

a. ¡No haga eso!
b. ¡No coma paella!
c. ¡No lean ese libro!
d. ¡No cierres la puerta!
e. ¡No os sentéis aquí!
f. ¡No conduzcan tan rápido!
g. ¡No digáis palabrotas!
h. ¡No repitas esa palabra!

Gli equivalenti di «forse»

- **Acaso**, **quizás** (o **quizá**) e **tal vez** reggono sia il congiuntivo sia l'indicativo, a seconda del grado di incertezza della frase:
  - **Acaso no te oiga / oye,** *Forse non ti sente.*
  - **Quizás vuelva / vuelvo tarde esta noche,** *Forse tornerò tardi questa sera.*
  - **Tal vez no hable / habla español,** *Può darsi che non parli spagnolo.*

- **A lo mejor**, altro sinonimo, regge invece sempre l'indicativo:
  - **A lo mejor no te oye,** *Forse non ti sente.*

9 Riformulate sostituendo *a lo mejor* con *tal vez* + congiuntivo.

a. A lo mejor no abren por la tarde. → ....

b. A lo mejor no comprende el español. → ....

c. A lo mejor no escribís nunca cartas. → ....

d. A lo mejor no haces bien tu trabajo. → ....

e. A lo mejor no lo reconocemos. → ....

f. A lo mejor no me despido de ellos. → ....

g. A lo mejor no me entiende usted. → ....

h. A lo mejor no os acordáis de él. → ....

Complimenti, eccovi al termine del capitolo 8! Ora è il momento di contare le vostre icone e di riportare il risultato a pag. 128.

9
Verbi irregolari e uso dei modi verbali

Alcuni presenti irregolari all'indicativo e al congiuntivo

Abbiamo visto le coniugazioni regolari e la maggior parte delle irregolarità al modo indicativo. Alcuni di questi verbi sono irregolari anche al congiuntivo; esistono inoltre altri verbi irregolari da sapere a memoria (cfr. tavole di coniugazione, pagg. 114-115).

- All'indicativo presente:
  - **caber** *(entrare, starci)*: **quepo**, cabes, cabe...
  - **dar** *(dare)*: **doy**, das, da...
  - **ir** *(andare)*: **voy**, **vas**, **va**, ...
  - **oír** *(sentire)*: **oigo**, **oyes**, **oye**, oímos, oís, **oyen**
  - **saber** *(sapere)*: **sé**, sabes, sabe...
  - **ver** *(vedere)*: **veo**, ves, ve...

- Al congiuntivo presente:
  - **estar**: **esté, estés, esté**...
  - **ir**: **vaya, vayas, vaya**, ...
  - **ser**: **sea, seas, sea**...
  - **ver**: **vea, veas, vea**...
  - **saber**: **sepa, sepas, sepa**, ...

1 In questa *sopa de letras*, cercate 11 forme coniugate dei verbi citati nella spiegazione qui sopra. Scrivete i loro infiniti, partendo da quelli nascosti orizzontalmente per poi giungere ai verticali. Indicate infine con una crocetta il modo verbale in cui sono coniugati.

Infinito	Indicativo	Congiuntivo
a.	☐	☐
b.	☐	☐
c.	☐	☐
d.	☐	☐
e.	☐	☐
f.	☐	☐
g.	☐	☐
h.	☐	☐
i.	☐	☐
j.	☐	☐
k.	☐	☐

U	V	E	E	I	S	A	E
L	V	A	Y	A	M	O	S
C	A	B	E	N	U	I	T
O	I	T	O	M	S	S	É
I	S	Y	V	U	E	T	I
G	V	S	E	P	Á	I	S
O	E	I	A	R	I	S	O
D	O	Y	N	O	S	T	I

2 Inserite nelle frasi seguenti le voci verbali che avete trovato nella *sopa de letras*.

a. Este coche es muy espacioso: .... hasta seis personas.

b. ¿Por qué .... siempre a Marbella? ¿Os gusta tanto la playa?

c. Quiero que .... en casa estudiando este fin de semana.

d. Tal vez .... a Sevilla estas vacaciones.

e. No .... dónde está esa calle, quizás lo .... vosotros.

f. ¿Por qué no me ayudáis? No .... tan perezosos.

g. Ojalá lo .... mis ojos.

h. Habla más alto, no te .... bien.

i. No te ...., ¿dónde estás?

j. Te .... un libro para tu hermano.

Verbi dittongati e con alternanza vocalica al congiuntivo presente

- Abbiamo incontrato due grandi gruppi di verbi irregolari all'indicativo presente, i dittongati e quelli con alternanza vocalica. Alcuni verbi combinano le due irregolarità in certe forme: lo abbiamo già visto per il gerundio, cfr. pag. 47.

- Per quanto riguarda il congiuntivo presente, si tratta di verbi dittongati che presentano alternanza vocalica alla 1ª e alla 2ª persona plurale. I due verbi modello sono: **sentir** (la **–e** diventa **–i**) e **dormir** (la **–o** diventa **–u**).

- Ecco un piccolo elenco di verbi di questo tipo: **divertir, mentir, preferir, sugerir** (modello **sentir**), **morir** (modello **dormir**).

SENTIR	DORMIR
sienta	duerma
sientas	duermas
sienta	duerma
sintamos	durmamos
sintáis	durmáis
sientan	duerman

CAPITOLO 9: VERBI IRREGOLARI E USO DEI MODI VERBALI

3 Inserite le voci verbali dell'elenco a destra nelle frasi qui sotto.

a. Sois auténticos españoles: .... la siesta por la tarde.

b. Cuando su hijo le ...., el padre está furioso.

c. Si hace mal tiempo, tal vez .... quedarnos en casa.

d. Estamos acostumbrados al frío: no lo ....

e. Qué pena que los toros .... durante las corridas.

f. Ojalá .... mucho durante la fiesta.

g. No nos gusta ver películas en casa: .... salir.

h. Siempre estáis de mal humor: no .... con nada.

i. El padre no quiere que su hijo le ....

j. Pone el radiador para que no .... frío.

k. Ojalá .... bien esta noche.

l. Algunas veces son los matadores los que ....

dormís   **mueren**   **sentimos**   **mueran**   **durmáis**   **os divertís**   **preferimos**   **mienta**   **miente**   **sintamos**   **os divirtáis**   **prefiramos**

Il congiuntivo nelle subordinate

Abbiamo parlato (cfr. pag. 50) dei verbi di volontà (**querer que, desear que**) e delle congiunzioni finali (**para que**) che richiedono l'uso del congiuntivo nella frase subordinata. Ci sono altre similitudini con l'italiano, come l'uso del congiuntivo...

- ...dopo una frase principale dichiarativa negativa come **no creo que..., no pienso que...**:
  - **No creo que venga,** *Non credo che venga.*
  - **No piensa que sea correcto,** *Non pensa che sia corretto.*

- ...dopo una frase principale il cui verbo sia di sentimento o di opinione:
  - **Me gusta que vistas bien,** *Mi piace che tu ti vesta bene.*
  - **Me parece bien que vayas a Londres,** *Mi sembra una buona cosa che tu vada a Londra.*

CAPITOLO 9: VERBI IRREGOLARI E USO DEI MODI VERBALI

4 Queste due persone hanno opinioni discordanti. Qual è il vostro parere su ciascuno dei temi proposti? Per ogni coppia di battute, mettete un + su quella che condividete e un - su quella con la quale non siete d'accordo.

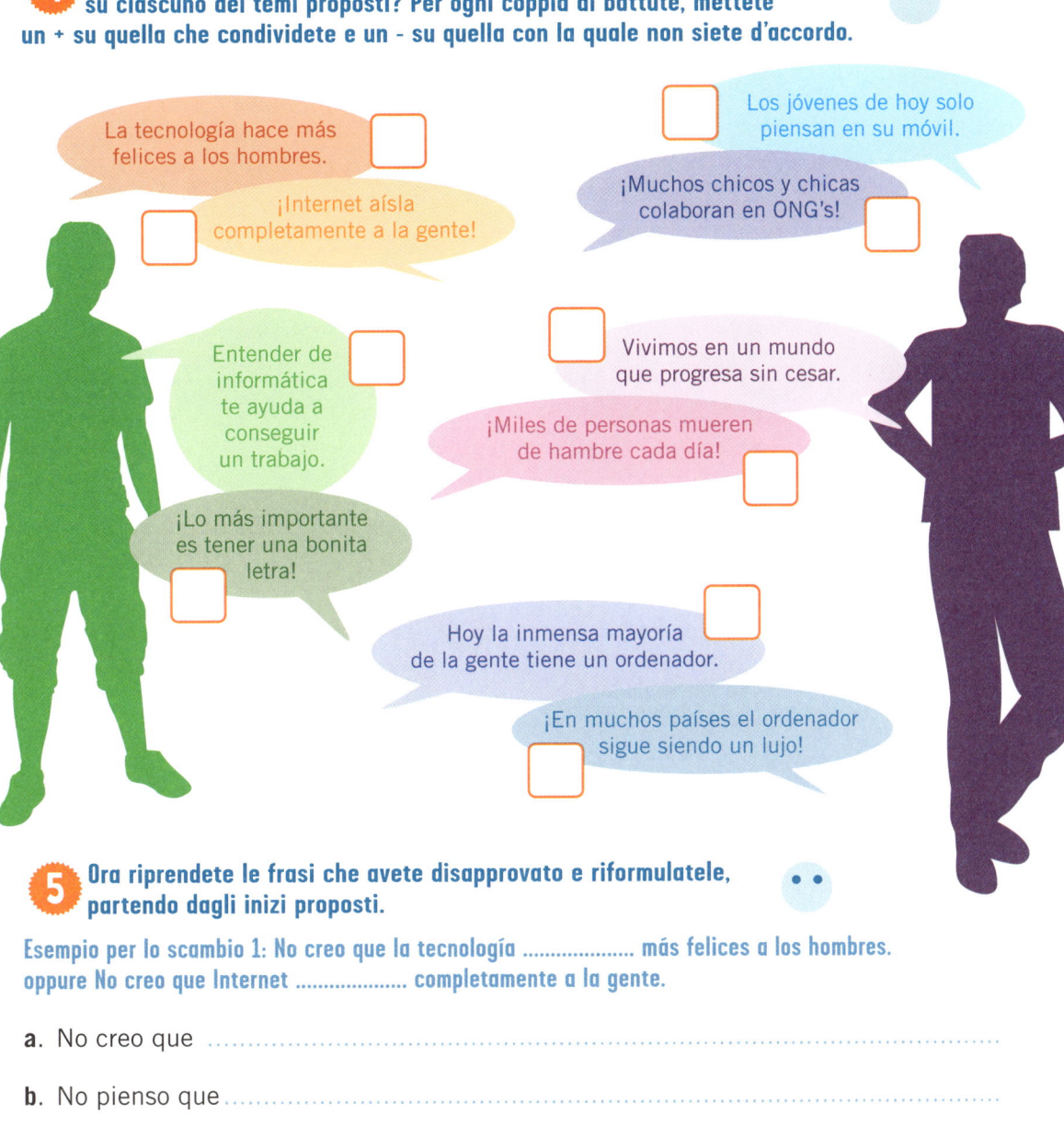

5 Ora riprendete le frasi che avete disapprovato e riformulatele, partendo dagli inizi proposti.

Esempio per lo scambio 1: No creo que la tecnología .... más felices a los hombres.
oppure No creo que Internet .... completamente a la gente.

a. No creo que ....

b. No pienso que ....

c. No estoy convencido de que ....

d. No estoy seguro de que ....

e. No es verdad que ....

CAPITOLO 9: VERBI IRREGOLARI E USO DEI MODI VERBALI

La proposizione subordinata

- Le frasi dichiarative affermative (*Penso che...*, *Credo che...*) si costruiscono diversamente dall'italiano: il loro modo verbale è sempre l'indicativo, come nelle nostre frasi introdotte da *Dico che...* Se si tratta di un'interrogativa indiretta, l'avverbio o il pronome interrogativo hanno l'accento grafico.

  – **Pienso que Ana está cansada,** *Penso che Ana sia stanca.*
  – **Dice que no tiene dinero,** *Dice che non ha soldi.*
  – **Me pregunto quién es,** *Mi chiedo chi sia.*

- Le costruzioni italiane «*Chiedere di..., Dire di... + infinito*», che indicano richiesta o ordine, sono rese in spagnolo da **que** + una subordinata al congiuntivo.

  – **Te pido que vengas rápido,** *Ti chiedo di venire al più presto.*
  – **Le dice que compre la leche,** *Gli dice di comprare il latte.*

- Se invece usiamo l'indicativo, esprimiamo semplicemente un fatto, una constatazione:

  – **Te digo que trabajo,** *Ti dico che lavoro* (indicativo, è un fatto)
  – **Te digo que trabajes,** *Ti dico di lavorare* (congiuntivo, è un ordine)

6 Traducete in spagnolo le seguenti frasi.

a. Mi chiedo dove abiti.

→ ....

b. Non so perché beva.

→ ....

c. Credo che abbiano due figli.

→ ....

d. Mi sembra che tu non lavori.

→ ....

e. Pensi che sia malato?

→ ....

7 Traducete le seguenti frasi.

a. Mi chiedi di aiutarti.

→ ....

b. Ti chiedo di uscire.

→ ....

c. Ci chiede di ripetere.

→ ....

d. Ci chiedono di aprire.

→ ....

e. (*Lei*) Mi chiede di cantare.

→ ....

CAPITOLO 9: VERBI IRREGOLARI E USO DEI MODI VERBALI

8 Traducete in italiano le seguenti frasi, utilizzando «dire di» o «dire che».

a. El profesor nos dice que leamos libros en español.
   → ....

b. El profesor nos dice que leemos muy bien.
   → ....

c. El profesor nos dice que vamos a ver una película.
   → ....

d. El profesor nos dice que vayamos a ver películas.
   → ....

9 A seconda dei casi, coniugate il verbo tra parentesi all'indicativo o al congiuntivo.

a. La madre le dice a su hijo que .... prudente con la moto. **(ser)**

b. Le pide que no .... muy rápido. **(ir)**

c. El hijo le dice que no .... **(preocuparse)**

d. Le dice que él .... siempre con prudencia. **(conducir)**

e. Le dice a su madre que .... tranquila. **(dormir)**

f. Le dice que .... dormir tranquila. **(poder)**

Complimenti, eccovi al termine del capitolo 9! Ora è il momento di contare le vostre icone e di riportare il risultato a pag. 128.

L'imperativo, l'obbligo e la necessità

L'obbligo e la necessità

- La formula impersonale per esprimere l'obbligo è **hay que** + infinito, *bisogna*, *occorre*. Se la frase è personale, si usa **tener que** coniugato seguito da infinito. Si può utilizzare anche **deber**, *dovere*, che però comporta un'idea di obbligo morale.
    - **Hay que trabajar**, *Bisogna lavorare*.
    - **Tienes que trabajar**, *Devi lavorare*.
    - **Debo ayudar a mi hermanito**, *Devo aiutare il mio fratellino*.
- **Hace falta que** + verbo al congiuntivo è un altro modo per esprimere l'obbligo personale. **Hace(n) falta** seguito da un sostantivo esprime il bisogno di qualcosa:
    - **Hace falta que trabajes mucho**, *Occorre che tu lavori molto*.
    - **Hace falta dinero para vivir**, *C'è bisogno di denaro per vivere*.
    - **Hacen falta amigos en la vida**, *Ci vogliono gli amici nella vita*.
- *Avere bisogno di* corrisponde al verbo **necesitar** seguito da complemento oggetto, anche in forma di pronome diretto atono:
    - **Necesito tu ayuda**, *Ho bisogno del tuo aiuto*.   – **Lo necesito**, *Ho bisogno di lui*.

I Tutte queste frasi esprimono un bisogno, una necessità. Traducetele.

a. Ha bisogno di un computer. → ....

b. Hai bisogno di me? → ....

c. Non ho bisogno di te. → ....

d. Le serve del denaro, signore? → ....

e. Abbiamo bisogno di Carmen. → ....

f. Ci vuole un computer per lavorare. → ....

g. C'è bisogno di occhiali da sole? → ....

h. Ci vogliono i gamberi nella paella. → ....

i. Per fare una tortilla, occorrono delle uova. → ....

j. C'è bisogno di pane? → ....

CAPITOLO 10: L'IMPERATIVO, L'OBBLIGO E LA NECESSITÀ

2 Completate queste frasi con *hay que* o *hace falta que*, poi traducetele.

a. ¿..................... sentarse aquí?
→ ....

b. ¿..................... compremos pan?
→ ....

c. ¿..................... venga Pedro?
→ ....

d. No .... mentir.
→ ....

e. .... cerrar la puerta.
→ ....

f. .... vuelvas.
→ ....

g. .... viajar a menudo.
→ ....

h. .... leer libros.
→ ....

i. .... lo sepas.
→ ....

3 Esprimente questi obblighi personali utilizzando *hace falta que*. Mantenete la persona grammaticale.

a. Tienen que hablar con él.
→ ....

b. Tenemos que leer este libro.
→ ....

c. Tenéis que ser pacientes.
→ ....

d. Tienes que seguir estudiando.
→ ....

4 Esprimente questi obblighi personali utilizzando *tener que*. Mantenete la persona grammaticale.

a. Hace falta que hagas un esfuerzo.
→ ....

b. No hace falta que pidáis ayuda.
→ ....

c. ¿Hace falta que vaya yo?
→ ....

d. Hace falta que estemos tranquilos.
→ ....

CAPITOLO 10: L'IMPERATIVO, L'OBBLIGO E LA NECESSITÀ

L'imperativo

L'imperativo spagnolo (propriamente detto) ha soltanto due persone: la 2ª singolare e la 2ª plurale.

- Per il singolare, si prende la 2ª persona singolare dell'indicativo presente e si toglie la **–s** finale:

  – **¡Canta!**, *Canta!*   – **¡Come!**, *Mangia!*
  – **¡Piensa!**, *Pensa!*   – **¡Repite!**, *Ripeti!*

- Per il plurale, si toglie la **–r** dell'infinito e la si sostituisce con una **–d**.

  – **¡Cantad!**, *Cantate!*   – **¡Comed!**, *Mangiate!*
  – **¡Pensad!**, *Pensate!*   – **¡Repetid!**, *Ripetete!*

- Ci sono, inoltre, 8 imperativi irregolari alla 2ª singolare.

8 IMPERATIVI IRREGOLARI

¡Haz!, *Fa'!*
¡Pon!, *Metti!*
¡Ten!, *Abbi!*
¡Sal!, *Esci!*
¡Ven!, *Vieni!*
¡Di!, *Di'!*
!Sé!, *Sii!*
¡Ve!, *Va'!*

5 Completate questa tabella.

INFINITO	hablar					cerrar
Tú		di		pide		
Vosotros			haced		id	

6 Utilizzate le voci verbali dello schema qui sopra per completare le seguenti frasi all'imperativo. Fate attenzione alla persona, *tú* o *vosotros*.

a. No os oigo: ¡ .... un poco más alto, por favor!

b. ¡ .... la verdad! ¿Me quieres o no?

c. ¡Niños, antes de jugar, ... los deberes para la escuela!

d. Isabel, ¡ .... a comprar el pan, por favor!

e. ¡ .... bien la puerta! Os lo pido por favor.

f. Hoy es tu cumpleaños: .... lo que quieres comer.

CAPITOLO 10: L'IMPERATIVO, L'OBBLIGO E LA NECESSITÀ

L'imperativo e i pronomi enclitici

- L'enclisi è l'unione di un elemento atono, solitamente un pronome personale, e di una forma verbale; all'imperativo, non ci sono differenze sostanziali fra italiano e spagnolo. Nondimeno, attenzione all'accento tonico sul verbo: siccome i pronomi enclitici sono atoni, a volte va scritto (cfr. pagg. 5 e 6):

  – ¡**Háblame!**, *Parlami!*   – ¡**Léelo!**, *Leggilo!*

- Se i pronomi sono combinati (indiretto + diretto), l'enclisi è doppia, come in italiano:

  – ¡**Dímelo!**, *Dimmelo!*   – ¡**Cuéntanoslo!**, *Raccontacelo!*
  – ¡**Léeselo!**, *Leggiglielo!*

- I verbi pronominali non fanno eccezione e, come in italiano, all'imperativo sono uniti ai pronomi riflessivi. Particolarità della 2ª plurale: la **–d** finale del verbo scompare davanti al pronome.

  – ¡**Ponte aquí!**, *Mettiti qui!*
  – ¡**Siéntate!**, *Siediti!*
  – ¡**Poneos aquí!**, *Mettetevi qui!*
  – ¡**Sentaos!**, *Sedetevi!*

7 Trasformate queste frasi sostituendo *tener que* con un imperativo e i complementi in corsivo con i pronomi (diretti, indiretti o combinati).

Modello frase a: Raccontategliela.

a. Tenéis que contar *esa historia a Pedro*. → ....

b. Tienes que llamar *a tu hermano*. → ....

c. *Te* tienes que poner *la gabardina*. → ....

d. Tenéis que escribir *diez correos*. → ....

e. Tenéis que probar *estas cervezas*. → ....

f. Tienes que dar *ese regalo a la abuela*. → ....

g. Tienes que entender *a Isabel*. → ....

h. Tenéis que conducir *este coche*. → ....

CAPITOLO 10: L'IMPERATIVO, L'OBBLIGO E LA NECESSITÀ

8 Riformulate queste frasi sostituendo *tener que* con il verbo della frase all'imperativo.

a. Tienes que acordarte de mí. → ....

b. Tenéis que acordaros de él. → ....

c. Tenéis que divertiros mucho. → ....

d. Tienes que divertirte en esa fiesta. → ....

L'imperativo indiretto

- L'imperativo visto finora è quello diretto, ossia con forme proprie. Per le altre persone, 1ª plurale (tranne **vamos**), 3ª singolare e 3ª plurale, si ricorre alle rispettive forme del congiuntivo (anche in italiano la 1ª plurale dell'imperativo è in realtà un congiuntivo, ma noi non ce ne accorgiamo perché questa persona è identica alla 1ª plurale dell'indicativo presente).

  – **¡Cantemos!**, *Cantiamo!*
  – **¡Cante, señor!**, *Canti, signore!*
  – **¡Coma, señora!**, *Mangi, signora!*
  – **¡Comamos!**, *Mangiamo!*
  – **¡Canten, señores!**, *Cantate, signori!*
  – **¡Coman, señoras!**, *Mangiate, signore!*

- A differenza dell'italiano, il pronome riflessivo è enclitico anche nelle terze persone:

  – **¡Siéntese, señora!**, *Si sieda, signora!*
  – **¡Siéntense, señoras!**, *Sedetevi / Si siedano, signore!*

9 Indicate per ciascun imperativo qual è il *tratamiento* utilizzato.

	Tratamiento de tú	Tratamiento de usted
a. ¡Venid a visitar España!	☐	☐
b. ¡Aprenda a hablar español!	☐	☐
c. ¡Diviértase en nuestras discotecas!	☐	☐
d. ¡Bañaos en nuestras playas!	☐	☐

CAPITOLO 10: L'IMPERATIVO, L'OBBLIGO E LA NECESSITÀ

10 A partire da questi quattro avvisi, formulate quattro frasi all'imperativo: alla 2ª persona singolare e plurale / alla 3ª persona singolare e plurale.

a. ....
b. ....
c. ....
d. ....

e. ....
f. ....
g. ....
h. ....

i. ....
j. ....
k. ....
l. ....

m. ....
n. ....
o. ....
p. ....

Complimenti, eccovi al termine del capitolo 10! Ora è il momento di contare le vostre icone e di riportare il risultato a pag. 128.

Altri elementi della frase semplice

I superlativi

- Il superlativo assoluto si può rendere in due modi, come in italiano: con **muy** + aggettivo, oppure con le desinenze **–ísimo(s)**, **–ísima(s)** al posto della vocale finale o di seguito all'aggettivo, quando questo finisce per consonante:

  - **Es caro,** *È caro.* → **Es muy caro** o **Es carísimo**, *È molto caro / carissimo.*
  - **Son altas,** *Sono alte.* → **Son muy altas** o **Son altísimas**, *Sono molto alte / altissime.*
  - **Es útil,** *È utile.* → **Es muy útil** o **Es utilísimo**, *È molto utile / utilissimo.*

- Per ragioni fonetiche, gli aggettivi in **–co** e in **–go** subiscono modificazioni ortografiche:

  - **Es simpática.** → **Es simpatiquísima.**
  - **Es amargo.** → **Es amarguísimo.**

- Anche il superlativo relativo *(il più..., la più..., il meno..., la meno...)* si costruisce esattamente come in italiano (**el más..., la más..., el menos..., la menos...**):

  - **Es el más alto,** *È il più alto.*
  - **Es el hombre más alto del mundo,** *È l'uomo più alto del mondo.*
  - **Es el menos simpático de todos,** *È il meno simpatico di tutti.*

1 Completate sostituendo all'elemento sottolineato l'altra forma di superlativo assoluto.

a. El Amazonas es un río <u>muy largo</u>. Es un río ....

b. En el Amazonas hay <u>muchos</u> tipos de peces. Hay .... tipos de peces.

c. Quedan <u>muy pocas</u> tribus primitivas. Quedan .... tribus primitivas.

d. Amazonia es <u>muy rica</u> en recursos naturales. Es .... en recursos naturales.

e. La deforestación es <u>muy peligrosa</u> para el planeta. Es .... para el planeta.

f. Es <u>muy importante</u> proteger Amazonia. Es .... proteger Amazonia.

CAPITOLO 11: ALTRI ELEMENTI DELLA FRASE SEMPLICE

2 Riformulate le seguenti frasi come se fossero dei «record del mondo».
Esempio: Es una ciudad muy poblada. → Es la ciudad .... del mundo.

a. México tiene veinticinco millones de habitantes: es una ciudad muy poblada.

→ ....

b. El Amazonas mide 6.800 kilómetros: es un río muy largo.

→ ....

c. El colibrí cubano pesa veinte gramos: es un pájaro muy ligero.

→ ....

d. Las tortugas argentinas viven ciento cincuenta años: son animales muy longevos.

→ ....

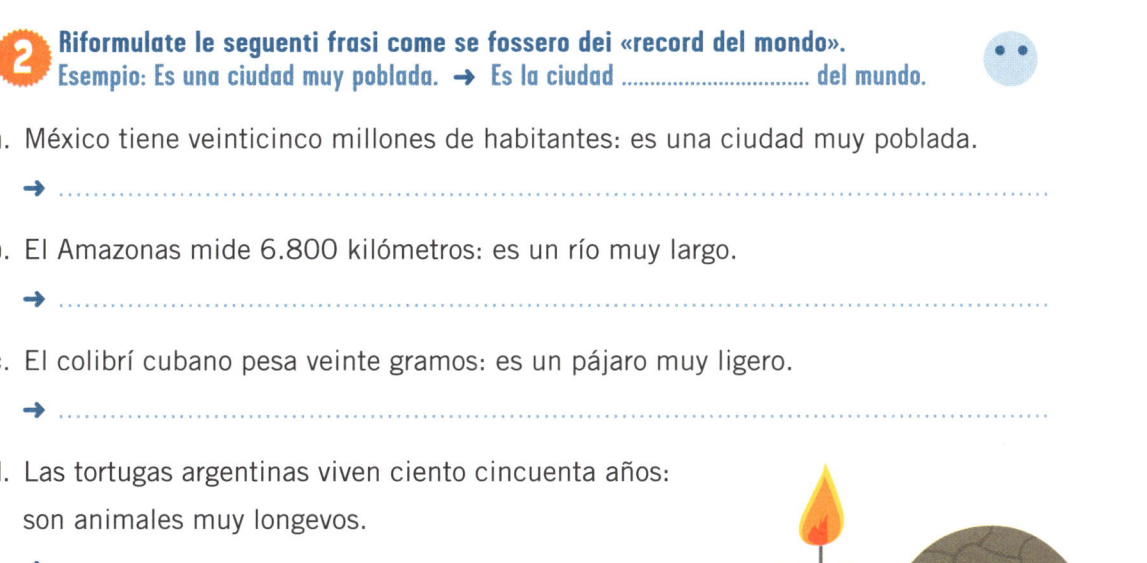

Aggettivi e avverbi di quantità

- Come abbiamo appena visto a proposito dei superlativi, quando precede un aggettivo o un altro avverbio, *molto* si traduce con l'avverbio **muy**, invariabile come il suo omologo italiano. Quando invece segue un verbo, *molto* è reso con un altro avverbio invariabile: **mucho**.

  – **Estoy muy cansado,** *Sono molto stanco.*   – **Muy bien,** *Molto bene.*
  – **Trabajo mucho,** *Lavoro molto.*

- Quando l'aggettivo variabile *molto/a/i/e* accompagna un nome, si usano **mucho(s)** e **mucha(s)**, aggettivi accordati in genere e numero con il sostantivo come in italiano:

  – **Como mucho pescado,** *Mangio molto pesce.*
  – **Tengo muchos amigos,** *Ho molti amici.*
  – **Escribo muchas cartas,** *Scrivo molte lettere.*
  – **Bebe mucha cerveza,** *Beve molta birra.*

- *Poco* segue lo stesso principio: avverbio invariabile con aggettivi, avverbi e verbi (**poco**) e aggettivo variabile con i nomi, **poco(s)**, **poca(s)**.

  – **Voy poco al cine,** *Vado poco al cinema.*
  – **Me siento poco motivada,** *Mi sento poco motivata.*
  – **Tengo pocos amigos,** *Ho pochi amici.*
  – **Veo pocas películas,** *Guardo pochi film.*

CAPITOLO 11: ALTRI ELEMENTI DELLA FRASE SEMPLICE

3 Spuntate la casella che corrisponde al termine mancante in ogni frase.

	muy	mucho	muchos	mucha	muchas
a. Me gusta .... chatear en Internet.	☐	☐	☐	☐	☐
b. Me hago .... amigos chateando.	☐	☐	☐	☐	☐
c. Me paso .... horas conectado.	☐	☐	☐	☐	☐
d. Para los niños, Internet puede ser .... peligroso.	☐	☐	☐	☐	☐
e. Hay .... información interesante en línea.	☐	☐	☐	☐	☐
f. Suelo perder .... tiempo en Internet.	☐	☐	☐	☐	☐
g. .... chicos juegan en línea.	☐	☐	☐	☐	☐
h. El juego en línea provoca .... adicción.	☐	☐	☐	☐	☐

4 Traducete queste frasi.

a. Faccio poco sport. → ....

b. Mangi poco pesce. → ....

c. Sono poco simpatici. → ....

d. Siamo poco pazienti. → ....

e. Compro poche scarpe. → ....

f. Mangia poca carne. → ....

g. Scrivi poche lettere. → ....

h. Questo film è poco interessante. → ....

CAPITOLO 11: ALTRI ELEMENTI DELLA FRASE SEMPLICE

Altri aggettivi e avverbi di quantità

- **Demasiado** *(troppo)* e **bastante** *(abbastanza)* non si discostano dal modello di **mucho** e **poco**: invariabili quando accompagnano un verbo, un aggettivo o un avverbio e accordati quando accompagnano un nome.

  – **Como demasiado,** *Mangio troppo.*
  – **Como demasiadas golosinas,** *Mangio troppi dolciumi.*
  – **La sopa está demasiado fría,** *La minestra è troppo fredda.*

  – **Esta niña no come bastante,** *Questa bambina non mangia abbastanza.*
  – **No come bastantes verduras,** *Non mangia abbastanza verdura.*
  – **Está bastante delgada,** *È abbastanza magra.*

5 In questi fumetti, una madre fa a suo figlio dei rimproveri del tipo: *«Giochi troppo con la Play!»*. Seguendo questo modello, completateli tutti.

a. ¡Juegas .... a la Play!

b. ¡Te pasas .... horas en Internet!

c. ¡Te acuestas .... tarde!

d. ¡Tienes .... amigos!

e. ¡Soy .... paciente contigo!

f. ¡Tienes .... libertad!

6 Il figlio tenta di difendersi: *«Non è vero! I miei voti sono abbastanza buoni!»*. Come sopra, completate i fumetti.

a. ¡Mentira! ¡Mis notas son .... buenas.

b. ¡Mentira! No tengo .... amigos.

c. ¡Mentira! No eres .... paciente conmigo.

d. ¡Mentira! No tengo .... libertad.

CAPITOLO 11: ALTRI ELEMENTI DELLA FRASE SEMPLICE

La formazione degli avverbi di modo

- Gli avverbi di modo o maniera si costruiscono esattamente come in italiano, aggiungendo il suffisso **-mente** al femminile dell'aggettivo. Per il genere degli aggettivi, cfr. pag. 9.

  – **tonto**, *stupido* → **tontamente**, *stupidamente*
  – **fuerte**, *forte* → **fuertemente**, *fortemente*
  – **feliz**, *felice* → **felizmente**, *felicemente*
  – **habitual**, *abituale* → **habitualmente**, *abitualmente*

- Se l'aggettivo ha un accento grafico, l'avverbio da esso derivato lo mantiene.

  – **inútil**, *inutile* → **inútilmente**, *inutilmente*
  – **espléndido**, *splendido* → **espléndidamente**, *splendidamente*

7 Mettete al femminile gli aggettivi dati. Poi formate i corrispondenti avverbi in *–mente* e utilizzateli per completare le frasi sottostanti.

maschile	femminile	AVVERBIO
cariñoso		
ágil		
triste		
feroz		
cómodo		
único		

a. Este perro es muy malo: ladra .... a todos los que pasan.

b. El perro está malo: me mira ....

c. El gato duerme .... en el sofá.

d. El gato salta .... por la ventana.

e. A los gatos les gusta que les acaricien ....

f. Las jirafas viven .... en Africa.

Le preposizioni: alcune differenze con l'italiano

- In certi casi non c'è corrispondenza fra italiano e spagnolo per quanto riguarda le preposizioni: alcuni verbi ne reggono una diversa nelle due lingue oppure nessuna. Esempi: **pensar en**, *pensare a*; **soñar con**, *sognare qc o qn / sognare di + inf.*; **confiar en**, *fidarsi di*; **conformarse con**, *accontentarsi di*; **contar con**, *contare su*.

  – **Pienso en mis amigos,** *Penso ai miei amici.*
  – **Sueño con viajar,** *Sogno di viaggiare.*

- Per le preposizioni da usare con i complementi di luogo, lo spagnolo ha una regola più fissa dell'italiano: utilizza infatti **a** per esprimere il moto a luogo e **en** per lo stato in luogo.

  – **Viajo a Roma,** *Vado a Roma.*   – **Estoy en Roma,** *Sono a Roma.*
  – **Viajo a Italia,** *Vado in Italia.*   – **Estoy en Italia,** *Sono in Italia.*

8 Traducete in spagnolo le seguenti frasi.

a. Sogno spesso i miei gatti. → ....

b. Puoi fidarti di lui. → ....

c. Conta su di me. → ....

d. Si accontentano di poco. → ....

e. Pensi troppo ai problemi. → ....

9 Completate queste frasi con le preposizioni *a* o *en*.

a. ...... Sevilla, la gente es muy simpática.

b. Este año quiero ir ...... España.

c. Muchos Erasmus van ...... Sevilla para estudiar.

d. Cuando vuelven ...... su país, sienten nostalgia.

e. ¿Dónde estás? ¿...... casa?

f. Ven ...... casa, te invito.

Complimenti, eccovi al termine del capitolo 11! Ora è il momento di contare le vostre icone e di riportare il risultato a pag. 128.

Lessico e lettura 2: in movimento

Prendere il treno in Spagna

- La **RENFE** (**Red Nacional de Ferrocarriles Españoles**, *Rete Nazionale delle Ferrovie Spagnole*) è la compagnia nazionale che copre quasi tutti i collegamenti ferroviari nel Paese. Fiore all'occhiello è la **AVE** (**Alta Velocidad Española**, *Alta Velocità Spagnola*), il cui logo è un *uccello* (**ave** in spagnolo).

- I percorsi si suddividono in **larga** e **media distancia**, mentre i *treni locali* sono chiamati **trenes de cercanías** (letteralmente «treni di vicinanze»). Qui a lato qualche altra espressione utile.

la estación: la stazione

el andén: la banchina, il marciapiede

la taquilla: la biglietteria

el descuento: lo sconto

pagar con tarjeta: pagare con carta

pagar en efectivo: pagare in contanti

turista: 2ª classe

preferente: 1ª classe

I Osservate il biglietto del treno qui sopra e ritrovate al suo interno la traduzione spagnola dei seguenti termini:

a. andata: ....
b. arrivo: ....
c. biglietto: ....
d. data: ....
e. partenza: ....
f. contanti: ....
g. commissioni: ....
h. posto: ....
i. prezzo: ....
j. ritorno: ....
k. prenotazione: ....
l. tariffa: ....
m. treno: ....
n. IVA: ....
o. vagone: ....

En la estación

– Buenosdíasporfavormegustaunaentradaporparís.
El señor de la ventanilla abre mucho los ojos.
– ¿Qué dice?
Frank coge aire y lo intenta otra vez.

– Buenosdíasporfavorquierounaentradaparaparís.
– Oiga, esto no es un cine – contesta el empleado.
– Perdón, no entiendo.
– Digo que esto no es un cine, que aquí no puede ver películas.
– No entiendo. Perdón.
– Tiene que decir «billete». Las entradas son para el cine y para el teatro.
– Entiendo. Sí. Perdón... Por favor, quiero un billete para París.
– Así. Muy bien. ¿De ida y vuelta o sencillo?
– No entiendo.
– ¿DE IDA Y VUELTA O SENCILLO?
– No entiendo.
– Tiene que hablar más despacio y no más alto. Este chico es extranjero, no sordo. Oye muy bien – dice alguien detrás de Frank.

Alfonso Buitrago, « *Por soñar* », en De viaje, Santillana, 1997.

2 **Comprensione scritta: leggete il testo *En la estación* e scegliete le giuste risposte alle domande seguenti.**

a. En este texto, ¿cuántos protagonistas hay?

uno ☐
dos ☐
tres ☐
cuatro ☐

b. ¿Cómo habla español Frank?

Lo habla perfectamente ☐
No habla nada de español ☐
Lo habla pero bastante mal. ☐

c. Frank quiere:

un billete de tren para París ☐
una entrada para el cine ☐
una entrada para el teatro ☐

d. El empleado de la taquilla:

es sordo ☐
es extranjero ☐
no entiende bien a Frank ☐

LESSICO E LETTURA 2: IN MOVIMENTO

3 Servendovi delle parole del testo a pag. 75, traducete le seguenti frasi.

a. L'impiegato non è sordo: → ....

b. Bisogna parlare lentamente: → ....

c. Vedo qualcuno dietro Frank: → ....

4 *Billete* e *entrada*: due termini che in italiano significano sempre *biglietto* (per i mezzi di trasporto il primo e per gli spettacoli il secondo). Inserite quello giusto in ciascuna di queste frasi, facendo attenzione al numero (singolare o plurale) e all'articolo: *el, la, los, las*... o nessuno!

a. Hola, ¿vende Usted .... para trenes de cercanías?

b. Cómprame dos .... para el concierto de Bisbal, por favor.

c. .... de autobús es más barato que el de tren.

d. En avión, si tienes .... de primera clase, ¡te dan champán gratis!

e. .... para las corridas de toros suelen ser bastante caras.

f. Para esta obra de teatro, puedes comprar .... en Internet.

5 I verbi *entender* e *oír*: inserite il verbo appropriato nelle seguenti frasi, coniugato alla persona adeguata.

a. Este joven .... muy bien: no hace falta que hable tan alto.

b. Leo bien el español pero no .... a la gente cuando habla demasiado rápido.

c. Sube el volumen de la música, por favor: ¡no .... nada!

d. Este texto es demasiado difícil para mí: no .... nada.

e. ¿ .... Usted lo que digo o se lo vuelvo a explicar?

f. ¡Estoy en el tren! Hay mucho ruido. ¿Me .... ?

LESSICO E LETTURA 2: IN MOVIMENTO

6 Il *damero maldito*, letteralmente «scacchiera maledetta», è un classico gioco enigmistico spagnolo, una specie di cruciverba crittografato. Trovate le parole corrispondenti alle definizioni qui sotto e riportatene le lettere nello schema, aiutandovi con i numeri. Apparirà una frase: trascrivetela e poi traducetela!

a. Para entrar en una casa hay que abrir la…
| 26 | 2 | 19 | 32 | 16 | 29 |

e. Lo que cuesta una cosa es su…
| 30 | 7 | 17 | 21 | 12 | 25 |

b. Para abrir la puerta hace falta una…
| 14 | 23 | 39 | 40 | 6 |

f. Sirve para sentarse, es la…
| 34 | 3 | 24 | 13 | 31 |

c. Los hijos de mi hermano son mis…
| 18 | 36 | 11 | 42 | 22 | 20 | 41 | 4 |

g. Animal muy fiel (en femenino):
| 35 | 15 | 28 | 37 | 8 |

d. Adverbio de lugar que indica proximidad:
| 27 | 1 | 9 | 33 |

h. Indica que algo termina:
| 38 | 5 | 10 |

i. La frase escondida es:
....
....
....
....

j. Y su traducción es:
....
....
....
....

LESSICO E LETTURA 2: IN MOVIMENTO

Chiedere indicazioni stradali

- Gli spagnoli sono mediamente molto disponibili con i turisti che chiedono loro indicazioni per la strada, perciò non esitate a farvi avanti.

- Uno straniero che si esprime in spagnolo, o cerca di farlo al meglio delle sue possibilità, è sempre apprezzato: ecco qui a destra qualche frase utile, sia per chiedere sia per capire le risposte.

Per chiedere indicazioni

¿Puede(s) decirme…,
Può (puoi) dirmi…
… dónde está / dónde queda…?,
… dove si trova…?
… cómo se va a…?,
… come si va a…?

Per dare indicazioni

ir a / hasta, *andare a / fino a*
seguir, *continuare*
girar, *girare*
tomar, *prendere*
a la derecha, *a destra*
a la izquierda, *a sinistra*
todo recto, *sempre diritto*
la primera / segunda / tercera,
la prima / seconda / terza

7 Leggete i quattro dialoghi intorno alla pianta della città, a pag. 79, e dite se le persone si danno del tu o del Lei.

	Tú	Usted
a.	☐	☐
b.	☐	☐
c.	☐	☐
d.	☐	☐

8 Secondo le indicazioni fornite nei dialoghi, dite dove si trovano i luoghi cercati da queste persone.

a. El colegio está
→ ....

b. La biblioteca está
→ ....

c. La discoteca está
→ ....

d. El cine está
→ ....

9 Un ragazzo si trova al cinema, vuole andare in biblioteca e chiede indicazioni a una ragazza. Immaginate il loro dialogo con *tratamiento de tú* (una domanda e una risposta, come a pag. 79).

– ....
....
....

– ....
....
....

LESSICO E LETTURA 2: IN MOVIMENTO

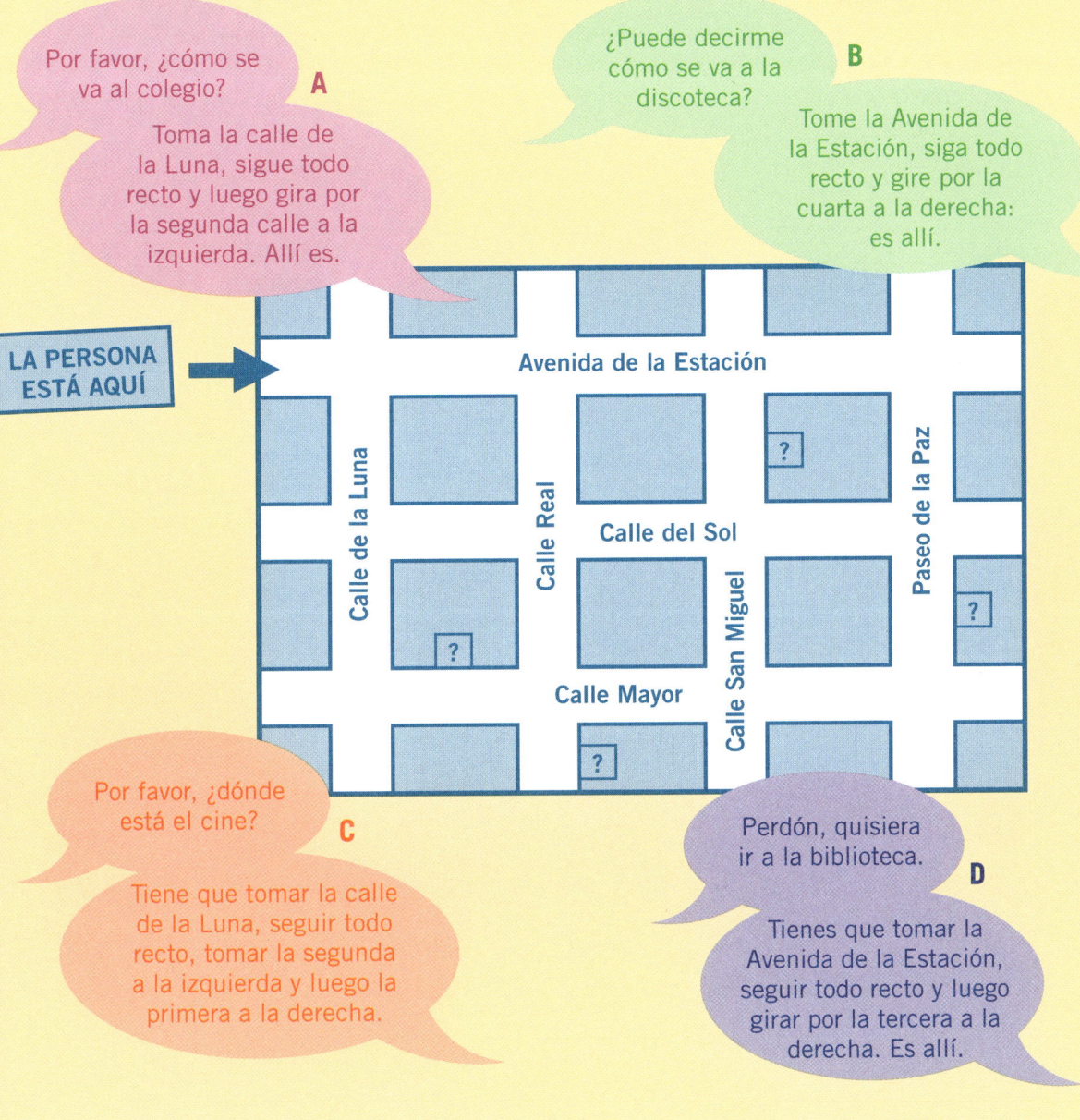

L'espressione del futuro e le relative

«Stare per...» e futuro

- L'equivalente spagnolo della forma perifrastica *stare per* + infinito è **ir a** + infinito. A volte questa costruzione corrisponde ad altri tipi di resa in italiano:

  – **Voy a comer,** *Sto per mangiare.*
  – **¿Vas a venir?,** *Verrai?*
  – **Vamos a hacer un viaje,** *Intendiamo fare un viaggio.*

- Il futuro semplice regolare si forma partendo dall'infinito preso interamente, al quale si aggiungono le desinenze **-é, -ás, -á, -emos, -éis, -án**: **comeré (comer + -é)**, *mangerò*. Attenzione, solo la 1ª persona plurale non porta accento grafico.

cantar (regolare)	poder (irregolare)
cantaré	podré
cantarás	podrás
cantará	podrá
cantaremos	podremos
cantaréis	podréis
cantarán	podrán

- Esistono dodici futuri irregolari, nei quali si modifica il tema verbale:

  – **caber:** cabré…
  – **decir:** diré…
  – **haber:** habré…
  – **hacer:** haré…
  – **poder:** podré…
  – **poner:** pondré…
  – **querer:** querré…
  – **saber:** sabré…
  – **salir:** saldré…
  – **tener:** tendré…
  – **valer:** valdré…
  – **venir:** vendré…

1 Sottolineate i sette verbi al futuro semplice presenti nel passo di questo romanzo, poi riscriveteli e aggiungete i loro infiniti.

a. futuro: .... /
   infinito: ....

b. futuro: .... /
   infinito: ....

c. futuro: .... /
   infinito: ....

d. futuro: .... /
   infinito: ....

– Si tú quieres, yo haré de ti un gran guitarrista.

– Pero si no tengo tiempo ni guitarra.

– Yo te regalaré una guitarra. Y en cuanto al tiempo, déjalo también de mi cuenta. También tengo algunos remedios para eso. Junto con la guitarra, te voy a regalar tiempo para tocarla. Serás guitarrista en unos pocos meses. Harás viajes, ganarás dinero, seducirás mujeres, y nunca tendrás jefe.

Luis Landero, El guitarrista, Tusquets Editores, Barcelona, 2002.

CAPITOLO 12: L'ESPRESSIONE DEL FUTURO E LE RELATIVE

e. futuro: .... / infinito: ....
f. futuro: .... / infinito: ....
g. futuro: .... / infinito: ....

2 Coniugate a tutte le persone del futuro semplice i primi due verbi del testo della pagina precedente.

a.

b.

3 Trasformate le seguenti frasi sostituendo il futuro semplice alla forma *ir a* + infinito.

a. ¿Me vas a ayudar a tocar la guitarra?
→ ....

b. Vamos a ser famosos. → ....

c. No voy a poder tocar esta partitura.
→ ....

d. Me vais a decir qué os parece esta guitarra.
→ ....

e. El público va a querer que sigas tocando.
→ ....

f. No van a tener tiempo para aprender. → ....

CAPITOLO 12: L'ESPRESSIONE DEL FUTURO E LE RELATIVE

Il futuro nelle subordinate

- In spagnolo, il futuro si usa soltanto nelle frasi indipendenti, nelle principali, nelle completive e nelle interrogative, dirette e indirette:

  - **Mañana trabajaré,** *Domani lavorerò.*
  - **Te ayudaré si tengo tiempo,** *Ti aiuterò se avrò tempo.*
  - **No sé si podré salir,** *Non so se potrò uscire.*
  - **¿Sabes cuándo vendrás?,** *Sai quando verrai?*
  - **Pienso que volveré,** *Penso che tornerò.*

- Un errore comune per gli italofoni è quindi quello di usare il futuro nelle subordinate temporali e condizionali: *Quando potrò..., Quando verrai..., (Non) appena avrai..., Se potrò...,* **Cuando podré... El día que vendrás... En cuanto tendrás... Si podré...** Nelle temporali lo spagnolo usa il congiuntivo, nella condizionale di primo tipo il presente indicativo.

  - **Cuando pueda, iré a verte,** *Quando potrò, verrò a trovarti.*
  - **El día que vengas, saldremos a pasear,** *Quando verrai, usciremo a fare una passeggiata.*
  - **En cuanto tengas dinero, ¡págame!,** *Appena avrai i soldi, pagami!*
  - **Mientras quieras, te ayudaré,** *Finché vorrai, ti aiuterò.*
  - **Si puedo, iré a la playa,** *Se potrò, andrò in spiaggia.*

4 Traducete le seguenti frasi.

a. Mi chiedo se verranno. → ....

b. Non appena ti vedrò, ti pagherò. → ....

c. Non sa se potrà venire. → ....

d. Sai quando uscirà il suo libro? → ....

e. Domani usciremo, se farà bel tempo. → ....

f. Quando *(Il giorno in cui)* ti pagherò, sarai contento. → ....

g. Non so se canteremo. → ....

h. Se tornerà, gli parlerò. → ....

i. Leggerò il suo libro quando uscirà. → ....

j. Finché ci sarà il sole, andrò in spiaggia. → ....

CAPITOLO 12: L'ESPRESSIONE DEL FUTURO E LE RELATIVE

5 Trasformate le seguenti frasi introducendo una subordinata temporale. Esempio frase a:
Non vado in Messico perché non parlo bene spagnolo.
→ Quando parlerò bene spagnolo, andrò in Messico.

a. No voy a México porque no hablo bien español.
   Cuando .... español, ... a México.

b. No conduzco una moto porque no soy mayor de edad.
   Cuando .... mayor de edad, ... una moto.

c. No sabes las conjugaciones porque no las aprendes.
   Cuando las ...., ... las conjugaciones.

d. Este chico no tiene buenas notas porque no estudia.
   Cuando ...., este chico .... buenas notas.

e. No van a la playa porque no hace sol.
   Cuando .... sol, ... a la playa.

Il futuro con valore ipotetico

- Anche in spagnolo, come in italiano, il futuro può essere usato per esprimere un'ipotesi, una supposizione.

    – **¿Cuánto costará?**, *Quanto costerà?*
    – **Estará viendo la tele,** *Starà guardando la tv.*

- Ricapitoliamo i vari modi dello spagnolo per esprimere l'ipotesi e l'incertezza, con l'indicativo presente e futuro e il congiuntivo presente.

    – **A lo mejor piensa que tengo dinero,** *Forse pensa che io abbia del denaro.*
    – **Pensará que tengo dinero,** *Penserà che io abbia del denaro.*
    – **Tal vez (o quizás) piense que tengo dinero,** *Forse pensa che io abbia del denaro.*

6 Traducete le seguenti frasi.

a. La persona que Usted busca no vive aquí: será un error.
   → ....

b. Pedro ha llamado diez veces: querrá decirte algo importante.
   → ....

CAPITOLO 12: L'ESPRESSIONE DEL FUTURO E LE RELATIVE

7 Riformulate le frasi sottolineate esprimendo l'ipotesi negli altri due modi (v. p. 83).

Dice que no puede salir esta noche. <u>A lo mejor está repasando un examen.</u>

a. .... un examen.
b. .... un examen.

Lo he llamado pero no contesta. <u>Quizás no tiene cobertura el móvil.</u>

c. .... cobertura el móvil.
d. .... cobertura el móvil.

Lleva zapatillas de deporte y un chándal. <u>Irá al gimnasio.</u>

e. .... al gimnasio.
f. .... al gimnasio.

Principali pronomi relativi

- *Che*, *il/la quale*, *i/le quali* con funzione di soggetto, riferiti a persone o a cose, si rendono in spagnolo sempre con **que**.

  – **El hombre que canta,** *L'uomo che canta.*
  – **El problema que nos preocupa,** *Il problema che ci preoccupa.*

- *Che* complemento oggetto è **que** per le cose e **que, al (a la, a los, a las) que, a quien(es), al (a la) cual / a los (a las) cuales** per le persone. Complementi indiretti: in italiano preposizione + *cui*, *il/la quale*, *i/le quali*, in spagnolo prep. + **que, el (la) que, los (las) que, el (la) cual, los (las) cuales**. Solo per le persone esiste anche prep. + **quien(es)**.

  – **El disco que escucho,** *Il disco che ascolto.*
  – **El guitarrista que (a quien) escucho,** *Il chitarrista che ascolto.*
  – **El hombre de quien (del que) hablo,** *L'uomo di cui / del quale parlo.*
  – **Las personas con (las) que (con las cuales) trabajo,** *Le persone con cui / con le quali lavoro.*

- *In cui*, *nel/nella quale*, *nei/nelle quali* con valore spaziale e temporale equivalgono a **en (el, la, los, las) que, en el (la) cual, en los (las) cuales**. In senso solo spaziale, si usa anche **donde**.

  – **El día en que (en el cual) nací,** *Il giorno in cui sono nato/a.*
  – **El país en el cual (en que) vivo,** *Il Paese in cui / nel quale abito.*
  – **La ciudad donde resido,** *La città in cui / dove risiedo.*

- **Lo que** corrisponde a *quello che*, *ciò che*.

  – **Haz lo que quieras,** *Fa' quello che vuoi.*

CAPITOLO 12: L'ESPRESSIONE DEL FUTURO E LE RELATIVE

8 Collegate le due frasi dei seguenti periodi con un pronome relativo.
Esempio frase a: Mi rivolgo a una donna. Questa donna è la mia professoressa.
→ La donna a cui / alla quale mi rivolgo è la mia professoressa.

a. Me dirijo a una mujer. Esta mujer es mi profesora.

.... es mi profesora.

b. Vivo en un barrio. Este barrio es muy simpático.

.... es muy simpático.

c. Reparto pizzas con una moto. Esta moto es verde.

.... es verde.

d. Te hablo de una chica. Esta chica es mi vecina.

.... es mi vecina.

9 Completate con il relativo appropriato (*donde* o *en (el, la, los, las que)*). A volte saranno entrambi possibili.

a. La ciudad .... se pasan las vacaciones está a la orilla del mar.

b. Me acuerdo muy bien de la noche .... te conocí.

c. ¿Cuál fue el año .... el Barça ganó la Champions?

d. Esta es la casa .... me gustaría vivir.

10 Traducete queste frasi.

a. Vieni quando puoi.

→ ....

b. Il primo che chiama avrà una macchina.

→ ....

c. Quando *(Il giorno in cui)* verrai, sarò contento.

→ ....

d. Amerò l'uomo che mi capisca.

→ ....

Complimenti, eccovi al termine del capitolo 12! Ora è il momento di contare le vostre icone e di riportare il risultato a pag. 128.

13
I tempi del passato

L'imperfetto indicativo

- L'uso dell'imperfetto spagnolo non è diverso da quello del corrispondente tempo italiano. Si forma aggiungendo al tema dell'infinito due serie di desinenze: in **–aba** per i verbi in **–ar**, e in **–ía** per i verbi in **–er** e in **–ir**.

- Esistono soltanto tre imperfetti irregolari:
  - **ser**: era, eras, era, éramos, erais, eran
  - **ir**: iba, ibas, iba, íbamos, ibais, iban
  - **ver**: veía, veías, veía, veíamos, veíais, veían.

cantar	comer
cantaba	comía
cantabas	comías
cantaba	comía
cantábamos	comíamos
cantabais	comíais
cantaban	comían

1 Completate questo schema di verbi all'imperfetto.

INFINITO	yo	tú	él, ella, usted	nosotros, nosotras	vosotros, vosotras	ellos, ellas, ustedes
		jugabas		jugábamos		jugaban
estar	estaba		estaba		estabais	
hacer	hacía	hacías	hacía			
				decíamos	decíais	decían
divertirse	me	te				

2 Completate le seguenti frasi coniugando all'imperfetto il verbo fra parentesi.

a. En mi época, yo no .... (ir) tanto al cine.

b. Cuando .... (tener) quince años, yo no .... (ser) tan libre.

c. Cuando .... (ser) pequeños, nosotros no .... (ver) tanto la tele.

d. Los mayores .... (oír) la radio y los niños .... (jugar) en la calle.

CAPITOLO 13: I TEMPI DEL PASSATO

3 Completate questo testo con i verbi *ser* o *estar* coniugati all'imperfetto indicativo.

Toda la familia .... en el salón: .... la hora de la comida y todos .... viendo la tele. A veces, los padres y los hijos no .... de acuerdo: unos .... partidarios de ver las series y otros .... a favor del telediario. Pero el padre siempre .... de mal humor y además .... muy autoritario, de modo que siempre .... él quien decidía.

Il passato remoto regolare e i suoi usi

- Il passato remoto regolare ha due serie di desinenze, a seconda della coniugazione. Gli accenti grafici sono importanti e servono spesso a distinguerlo da altre forme verbali.

    – verbi in **–ar**: **-é, -aste, -ó, -amos, -asteis, -aron**
    – verbi in **–er** e in **–ir**: **-í, -iste, -ió, -imos, -isteis, -ieron**

- Per quanto riguarda i verbi in **–ar** e in **–ir**, la 1ª persona plurale è uguale al presente: **cantar → cantamos**, **escribir → escribimos**.

- La 1ª persona singolare dei verbi in **–ar** il cui tema finisce per **c** o **g** (**indi**c**ar**, **ju**g**ar**, ecc.) subisce una modificazione ortografica per ragioni di pronuncia: **indiqué**, **jugué**. Nessun cambiamento per le altre persone.

- Questo tempo esprime, come il passato remoto italiano, un'azione passata e ormai conclusa. Ma lo spagnolo ne conserva l'uso anche nella lingua corrente, in ogni parte del Paese:

    – **Ayer cené en un restaurante,** *Ieri ho cenato / cenai in un ristorante.*

cantar	comer
canté	comí
cantaste	comiste
cantó	comió
cantamos	comimos
cantasteis	comisteis
cantaron	comieron

4 Ecco quindici forme coniugate dei seguenti verbi: *pagar, escribir, jugar, contar, cerrar* e *beber*. Cancellate quelle che non possono essere passati remoti.

pagué · escribe · contó · cerró · contamos
cerraron · escribimos · bebi · bebemos · contéis
juegue · escribiste · pagasteis · cierro · bebió

CAPITOLO 13: I TEMPI DEL PASSATO

5 Cercate in questa griglia tre forme del passato remoto (in orizzontale, verticale e diagonale). Cerchiatele e poi scrivete la loro coniugazione completa.

V	T	L	E	Ó	N	T	E
T	O	M	I	E	R	O	N
B	A	L	P	E	N	S	É
A	M	I	V	U	A	S	O
I	I	L	I	I	E	T	E
L	C	Y	V	G	S	U	R
Ó	H	C	I	U	R	T	U
I	U	T	Ó	E	L	L	E

a. ....

b. ....

c. ....

6 Completate le seguenti frasi al passato remoto, come nell'esempio.
Esempio: El año pasado no XXX, pero este año voy a estudiar.
→ El año pasado no estudié, pero este año voy a estudiar.

a. El año pasado no XXX en casa, pero este año vas a ayudar.

→ ....

b. El curso pasado no XXX , pero este año voy a leer.

→ ....

c. El año pasado XXX mucho tiempo en Internet, pero este año no vais a perder tanto.

→ ....

d. El año pasado mi hermano XXX mucho al fútbol, pero este año no va a jugar tanto.

→ ....

CAPITOLO 13: I TEMPI DEL PASSATO

7 Come nell'esempio, collegate le frasi della colonna di sinistra alle loro conseguenze (colonna di destra).

a. no saber la respuesta • • subir por las escaleras

b. la puerta / estar cerrada • • decidir ver una serie en la tele

c. no quedar café • • no escribir nada

d. María / no contestar al teléfono • • aprender español

e. no haber billetes de avión • • llamar a su puerta

f. no tener ganas de salir • • entrar por la ventana

g. el ascensor / no funcionar • • apagar la tele

h. el título / parecer interesante • • preparar un té

i. yo / querer trabajar en Madrid • • viajar en tren

j. el programa / no ser interesante • • abrir el libro

8 Scrivete al passato i periodi corrispondenti ai collegamenti dell'esercizio precedente, rispettando l'alternanza logica imperfetto/passato remoto come nell'esempio.

a. Como no <u>sabía</u> la respuesta, no <u>escribí</u> nada.

b. → ....

c. → ....

d. → ....

e. → ....

f. → ....

g. → ....

h. → ....

i. → ....

j. → ....

CAPITOLO 13: I TEMPI DEL PASSATO

Il passato prossimo

- In spagnolo, il passato prossimo si usa soltanto per esprimere un'azione passata accaduta da poco oppure anche da molto tempo, purché in relazione con il momento presente.

- Si costruisce sempre, qualunque sia il verbo, con l'ausiliare *avere*, **haber**, seguito dal participio passato invariabile: quest'ultimo si forma con il tema dell'infinito + desinenza in **–ado** per i verbi in **–ar** e in **–ido** per i verbi in **–er** e in **–ir**.

cantar	comer
he cantado	he comido
has cantado	has comido
ha cantado	ha comido
hemos cantado	hemos comido
habéis cantado	habéis comido
han cantado	han comido

– **Ya he tomado café, gracias,** *Ho già preso il caffè, grazie.*
– **No he podido venir antes,** *Non sono potuto venire prima.*
– **Todavía no hemos salido hoy,** *Non siamo ancora usciti oggi.*

- Ci sono anche in spagnolo dei participi irregolari. Eccone alcuni:

– **abierto** (abrir)   – **dicho** (decir)   – **escrito** (escribir)   – **hecho** (hacer)
– **puesto** (poner)   – **roto** (romper)   – **visto** (ver)   – **vuelto** (volver)

9 Trasformate queste frasi al passato prossimo.

a. Yo no abro la puerta.

→ ....

b. Volvéis de las vacaciones cansados.

→ ....

c. ¿Le escribes a la abuela?

→ ....

d. No podemos venir a tu cumpleaños.

→ ....

e. ¿Ustedes piden pescado?

→ ....

CAPITOLO 13: I TEMPI DEL PASSATO

10 Ecco sei voci verbali al passato prossimo: inseritele nelle frasi appropriate.

a. No encuentro las llaves: ¿dónde las .... ?
b. No estoy contento contigo: no .... tus deberes.
c. ¿Quién .... mis gafas?
d. Te .... mil veces que no te pases horas con el ordenador.
e. Muchas gracias por la invitación: .... muy bien.
f. Te .... Carmen y Juan.

ha visto
hemos comido
he dicho
han llamado
habéis puesto
has hecho

11 Quali di queste cose avete già fatto («*Ya...*») e quali non ancora («*Todavía no...*»)? Spuntate la casella e scrivete la frase corrispondente.

	Sí	No	
a. viajar en avión	☐	☒	Todavía no he viajado en avión.
b. comer paella	☒	☐	Ya he comido paella.
c. ver una película española en VO	☐	☐	
d. hacer autoestop	☐	☐	
e. cantar flamenco	☐	☐	
f. tener un diario íntimo	☐	☐	
g. estar enamorado/a	☐	☐	
h. bañarse en el Atlántico	☐	☐	
i. hacer un discurso	☐	☐	
j. subir en globo	☐	☐	
k. actuar en una obra teatral	☐	☐	
l. ir a América Latina	☐	☐	

Complimenti, eccovi al termine del capitolo 13! Ora è il momento di contare le vostre icone e di riportare il risultato a pag. 128.

I tempi del passato (2) e il condizionale

I passati remoti irregolari

- Il gruppo più importante è formato da 15 verbi molto usati che hanno una serie comune di desinenze: **–e, –iste, –o, –imos, –isteis, –ieron**. A differenza dei passati remoti regolari, non vi sono accenti grafici.

- Osservate la coniugazione di **estar** e soffermatevi sugli altri temi verbali che seguono questo modello. **Hacer** fa **hizo** alla 3ª persona singolare.

estar	altri temi irregolari		
estuv**e**	anduv- (andar)	quis- (querer)
estuv**iste**	cup- (caber)	sup- (saber)
estuv**o**	hic- (hacer)	traj- (traer)
estuv**imos**	hub- (haber)	tuv- (tener)
estuv**isteis**	pud- (poder)	vin- (venir)
estuv**ieron**	pus- (poner)	

- In questa famiglia ci sono 3 verbi particolari:
  - **decir** ha la 3ª plurale in **–eron**: dij**e**, dij**iste**, dij**o**, dij**imos**, dij**isteis**, dij**eron**
  - **ser** e **ir** hanno lo stesso passato remoto, che si discosta dal modello in più persone: fu**i**, fu**iste**, fu**e**, fu**imos**, fu**isteis**, fu**eron**.

1 Cercate in questa griglia sei voci verbali al passato remoto (in verticale, orizzontale e diagonale), poi inseritele nelle frasi appropriate.

V	I	N	I	S	T	E	I	S
P	H	I	L	T	O	R	F	A
I	U	P	B	R	A	Z	Y	T
T	E	D	I	J	I	S	T	E
O	B	L	I	L	C	H	U	S
H	R	U	T	E	S	O	V	I
I	M	A	L	L	R	H	E	J
Z	U	F	U	I	M	O	S	T
O	Q	U	O	T	N	A	N	I

a. A los diez años .... mi primera bicicleta.

b. Eres una mentirosa: ¿por qué no me .... la verdad?

c. ¿Por qué no .... a mi cumpleaños?

d. Ayer .... bastante sol.

e. Había demasiada gente y no .... entrar en el estadio.

f. La semana pasada .... a ver a la abuela.

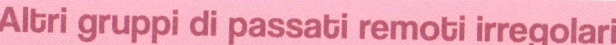

CAPITOLO 14: I TEMPI DEL PASSATO (2) E IL CONDIZIONALE

Altri gruppi di passati remoti irregolari

- I verbi con alternanza vocalica, che siano o no dittongati, presentano anch'essi un'irregolarità al passato remoto. La vocale del tema diventa **–i** (o **–u**) alla 3ª persona singolare e plurale: **pidió**, **pidieron**; **sintió**, **sintieron**; **durmió**, **durmieron**.
- Nei verbi il cui tema finisce per vocale, si inserisce una **–y** alla 3ª persona singolare e plurale: **leyó**, **leyeron**.
- I verbi in **–ducir** mutano il tema in -**duj**-: **conduje**, **condujiste**…; **traduje**, **tradujiste**…
- **Dar** è un caso a sé stante: **di, diste, dio, dimos, disteis, dieron**.

2 Riscrivete queste frasi al passato remoto.

a. Cristóbal Colón descubre América pero no es él quien le da su nombre al Nuevo Mundo.

→ ....

b. Mide mal la circunferencia de la Tierra, por eso el viaje dura más de lo previsto.

→ ....

c. Repite el viaje a América cuatro veces y muere en Valladolid.

→ ....

d. Los españoles introducen nuevas enfermedades en América.

→ ....

e. Destruyen las antiguas culturas precolombinas y construyen otra civilización.

→ ....

La simultaneità d'azione al passato

- Si può esprimere la simultaneità di due azioni al passato per mezzo di una congiunzione subordinativa come **cuando**. Lo spagnolo, tuttavia, utilizza molto spesso a questo scopo la preposizione articolata **al** seguita dall'infinito:

– **Cuando entró, vio que no había nadie** o **Al entrar, vio que no había nadie**, *Quando entrò / Entrando, vide che non c'era nessuno.*

CAPITOLO 14: I TEMPI DEL PASSATO (2) E IL CONDIZIONALE

3 Sostituite la costruzione «*al* + infinito» con «*cuando* + verbo coniugato».

a. Al abrir el periódico, fui directamente a la página de deportes.

→ ...., fui directamente a la página de deportes.

b. Al llegar a México, noté que el acento era diferente del de España.

→ ...., noté que el acento era diferente del de España.

c. Al ver que no hacía sol, decidimos quedarnos en casa.

→ ...., decidimos quedarnos en casa.

4 Sostituite «*cuando* + verbo coniugato» con «*al* + infinito».

a. Cuando volvió a casa, el padre vio que su hijo estaba escuchando música.

→ ...., el padre vio que su hijo estaba escuchando música.

b. Cuando oyeron ruido, miraron por la ventana.

→ ...., miraron por la ventana.

c. Cuando murió, dejó todo su dinero a una ONG.

→ ...., dejó todo su dinero a una ONG.

Avverbi ed espressioni di tempo

- Ecco una piccola lista di avverbi e locuzioni utili per collocare le azioni nel tempo rispetto a **hoy**, *oggi*.

  – **antes de ayer**, *l'altro ieri*   – **ayer**, *ieri*   – **esta mañana**, *stamattina*
  – **esta tarde**, *oggi pomeriggio*   – **mañana**, *domani*   – **pasado mañana**, *dopodomani*

- Queste espressioni sono legate ai rispettivi tempi verbali in modo molto simile all'italiano. L'unica differenza di rilievo può essere l'uso del passato remoto per quegli italofoni che privilegiano il passato prossimo.

CAPITOLO 14: I TEMPI DEL PASSATO (2) E IL CONDIZIONALE

5 È mercoledì e sono le 14. Belén, libraia, ci parla delle attività della settimana che ha già fatto e di quelle che deve ancora fare. Leggete attentamente i fumetti qui sopra e identificate i tempi utilizzati.

a. Per parlare di quello che ha fatto nei giorni precedenti, Belén utilizza ....

b. Per parlare di quello che ha fatto questa mattina, Belén utilizza ....

c. Per parlare di quello che farà oggi pomeriggio, Belén utilizza ....

d. Per parlare di quello che farà nei giorni seguenti, Belén utilizza ....

CAPITOLO 14: I TEMPI DEL PASSATO (2) E IL CONDIZIONALE

6 Raccontate la settimana di Belén seguendo queste indicazioni:
— completate le sezioni proposte riportando, per ciascuna, le due attività dell'agenda non presenti nei fumetti (cfr. pag. 95);
— scrivete alla 3ª persona singolare (esempio: «L'altro ieri Belén ha pranzato con don Andrés ed è andata al cinema con Pepa ed Emilia»);
— prendete come riferimento il mercoledì alle 14 e fate attenzioni ai tempi da impiegare.

a. Antes de ayer, Belén ....
....

b. Ayer, Belén ....
....

c. Esta mañana, Belén ....
   y esta tarde, ...

d. Mañana, Belén ....
....

e. Pasado mañana, Belén ....
....

Il condizionale presente

- Il condizionale spagnolo si costruisce, come il futuro, a partire dall'infinito del verbo, al quale si aggiungono le desinenze **-ía, -ías, -ía, -íamos, -íais, -ían**: **comería** (comer + -ía), *mangerei*.

  comería
  comerías
  comería
  comeríamos
  comeríais
  comerían

- Ne consegue che le irregolarità siano le stesse del futuro.

  – caber: cabría…   – poder: podría…   – salir: saldría…
  – decir: diría…   – poner: pondría…   – tener: tendría…
  – haber: habría…   – querer: querría… – valer: valdría…
  – hacer: haría…   – saber: sabría…   – venir: vendría…

- In spagnolo come in italiano, il condizionale può essere usato per attenuare una richiesta:

  – **¿Tendrías fuego?**, *Avresti da accendere?*

- C'è invece una differenza di tempo nella resa del cosiddetto «futuro nel passato», condizionale presente in spagnolo e condizionale passato in italiano:

  – **Pensaba que me llamarías**, *Pensavo che mi avresti chiamato.*

CAPITOLO 14: I TEMPI DEL PASSATO (2) E IL CONDIZIONALE

7 Riformulate queste frasi attenuandole con il condizionale.

a. ¿Puedo utilizar tu móvil? → ....

b. ¿Es posible vernos más tarde? → ....

c. Deseamos un móvil más barato. → ....

d. ¿Estáis dispuestos a ayudarnos? → ....

e. ¿Me haces un favor? → ....

f. ¿Me dices la respuesta? → ....

8 Riscrivete le seguenti frasi usando l'imperfetto nella principale ed esprimendo il futuro nel passato nella subordinata.

a. Estos niños piensan que de mayores serán futbolistas.

   → ....

b. ¿Te imaginas que un día tendrás nietos?

   → ....

c. El profesor dice que pronto sabremos hablar español.

   → ....

d. Mi abuelo cree que los extraterrestres nos invadirán.

   → ....

e. Estoy convencido de que me hará este favor.

   → ....

Complimenti, eccovi al termine del capitolo 14! Ora è il momento di contare le vostre icone e di riportare il risultato a pag. 128.

15. La frase complessa

Il congiuntivo imperfetto

- Per formare il congiuntivo imperfetto, si parte dal tema della 3ª persona plurale del passato remoto (**hablaron**, **comieron**, **quisieron**…) e si uniscono le desinenze **–ra**, **–ras**, **–ra**, **–ramos**, **–rais**, **–ran**.

hablar	comer	querer
hablara	comiera	quisiera
hablaras	comieras	quisieras
hablara	comiera	quisiera
habláramos	comiéramos	quisiéramos
hablarais	comierais	quisierais
hablaran	comieran	quisieran

- Esiste una seconda forma, in **–se**, dal medesimo significato: **hablase**, **hablases**, **hablase**, **hablásemos**, **hablaseis**, **hablasen**. È usata raramente in America Latina.

- La concordanza dei tempi è la stessa dell'italiano, con uso del congiuntivo imperfetto quando il verbo della principale è coniugato a un tempo passato:

  – **Quiero que vengas** (presente) → **Quería que vinieras** (passato)
  – **Te pido que me ayudes** (presente) → **Te pedí que me ayudaras** (passato)

- Sempre come in italiano, si deve usare il congiuntivo imperfetto dopo **como si**:

  – **Hace como si trabajara**, *Fa come se lavorasse*.

1 Completate la prima tabella (passato remoto) aggiungendo la 3ª persona plurale, poi costruite il congiuntivo imperfetto in *–ra* dei tre verbi.

Passato remoto				Congiuntivo imperfetto		
pedir	**leer**	**tener**		**pedir**	**leer**	**tener**
pedí	leí	tuve				
pediste	leíste	tuviste				
pidió	leyó	tuvo				
pedimos	leímos	tuvimos				
pedisteis	leísteis	tuvisteis				

CAPITOLO 15: LA FRASE COMPLESSA

2 **Completate queste frasi facendo la concordanza dei tempi necessaria per trasformarle dal passato al presente.**

a. Te llamé para que vinieras a ayudarme.
   Te llamo para que ....

b. Quería que alguien me dijera cómo usar este programa.
   Quiero que alguien me ....

c. Le pedí al servicio técnico que me explicara lo que pasaba.
   Le pido al servicio técnico que ....

d. Me dijeron que ojalá fuera solo un problema material.
   Me dicen que ojalá ....

e. Yo les dije que tal vez tuviera algún virus el ordenador.
   Yo les digo que tal vez ....

3 **Completate queste frasi facendo la concordanza dei tempi necessaria per trasformarle dal presente al passato.**

a. No hace falta que compres el pan.
   No hacía falta que ....

b. Te doy dinero para que vayas a hacer la compra.
   Te di dinero para que ....

c. No quiero que vuelvas a traer chorizo.
   No quería que ....

d. No creo que necesitemos más vino.
   No creía que ....

e. Te pido sobre todo que pienses en el chocolate.
   Te pedí sobre todo que ....
   ....

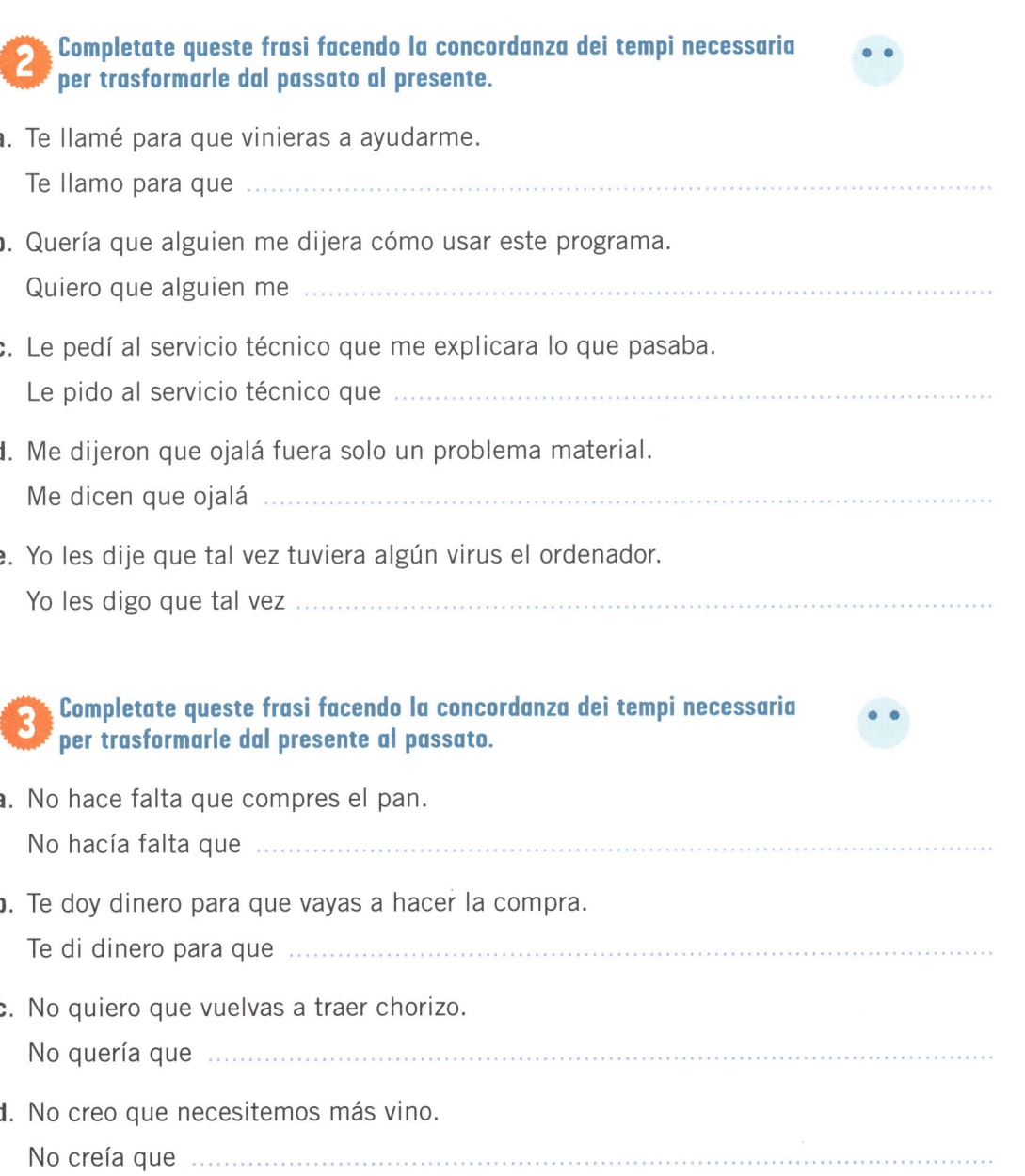

CAPITOLO 15: LA FRASE COMPLESSA

4 Completate coniugando i verbi dopo *como si*.
Modello frase a: Non mi piace il cinema. → Faccio come se mi piacesse il cinema.

a. No me gusta el cine. → Hago como si .... el cine.

b. No se acordaba de mí. → Hizo como si .... de mí.

c. Los niños no duermen. → Hacen como si ....

d. No sabe la respuesta. → Hace como si .... la respuesta.

Le subordinate condizionali

- Come abbiamo visto (cfr. pag. 82), il periodo ipotetico di primo tipo, detto della realtà, si esprime sempre con il presente indicativo nella subordinata, a differenza dell'italiano:
  – **Si tengo tiempo, pasaré a verte**, *Se avrò tempo, passerò a trovarti*.
- Il periodo ipotetico di secondo tipo, della possibilità, è invece esattamente come in italiano, con il congiuntivo imperfetto nella subordinata:
  – **Si tuviera tiempo, pasaría a verte**, *Se avessi tempo, passerei a trovarti*.
- Per il periodo ipotetico di terzo tipo, cfr. pag. 108.

5 Tra le 16 forme verbali qui sotto, cerchiate 4 verbi al congiuntivo imperfetto e 4 al condizionale presente.

hiciera   costaría   hacia   conduzcas   oyeras

íbamos   encantará   habría   pusieran   oirás   habrá

pusieron   iríamos   costará   condujeras   encantaría

6 Completate le seguenti frasi con gli 8 verbi che avete scelto.

a. Si todos se .... el cinturón de seguridad, ... menos accidentes graves.

b. Si .... mejor tiempo, ... a la playa.

c. Si .... más despacio, el coche te .... menos en gasolina.

d. Si .... cómo toca la guitarra, te ....

CAPITOLO 15: LA FRASE COMPLESSA

7 *Ser* o *estar*? Completate con questi verbi al congiuntivo imperfetto.

a. No es mayor de edad. Hace como si .... mayor de edad.

b. Si Pedro .... aquí, nos ayudaría.

c. No duerme, hace como si .... durmiendo.

d. Si no .... tan cansado, te acompañaría.

e. Si .... de mejor humor, iría al cine.

f. ¡Aprender chino! Como si .... tan fácil.

8 Formate dei periodi ipotetici della possibilità (2° tipo) collegando gli elementi della tabella A a quelli della tabella B.
Esprimetevi alla 1ª persona singolare: *Se fossi malato...*

A	B
estar enfermo	mandarte mensajes
saber de informática	subir a las pirámides
tener tu número de móvil	estar más relajado
visitar México	cruzar la Pampa a caballo
vivir en Argentina	no tener problemas con el ordenador
dormir más	ir al médico

a. Si ....

b. Si ....

c. Si ....

d. Si ....

e. Si ....

f. Si ....

CAPITOLO 15: LA FRASE COMPLESSA

Le subordinate concessive

- In italiano le concessive possono essere introdotte da congiunzioni che richiedono modi diversi, senza sostanziali differenze di significato: *Benché / Sebbene / Nonostante tu faccia…*, *Anche se fai…* Una delle congiunzioni concessive spagnole, **aunque**, può reggere entrambi i modi, a seconda che l'azione sia sperimentata dal parlante (indicativo) oppure no (congiuntivo):

  – **Aunque llueve, salgo**, *Anche se piove, esco* (fatto constatato, **llueve** = indicativo)
  – **Aunque llueva, saldré**, *Benché piova, uscirò* (fatto ipotizzato, **llueva** = congiuntivo)

- Se vogliamo esprimere un maggior grado di incertezza, la concordanza è quella dell'italiano: congiuntivo imperfetto nella subordinata e condizionale presente nella principale. In questo caso, ad **aunque** corrisponderà sempre *anche se*, in quello che è effettivamente un periodo ipotetico della possibilità.

  – **Aunque lloviera, saldría**, *Anche se piovesse, uscirei.*
  – **Aunque tuviera dinero, no te daría**, *Anche se avessi dei soldi, non te li darei.*

9 Trasformate questi periodi aumentando il grado di incertezza, poi traduceteli.

a. Aunque tenga tiempo, no te ayudaré.

Trasformazione: ....

Traduzione: ....

b. Aunque haga mal tiempo, iré a correr.

Trasformazione: ....

Traduzione: ....

c. Aunque esté enfermo, trabajaré.

Trasformazione: ....

Traduzione: ....

d. Aunque vivas cien años, no leerás todos los libros.

Trasformazione: ....

Traduzione: ....

e. Aunque escribas veinte libros, no serás célebre.

Trasformazione: ....

Traduzione: ....

CAPITOLO 15: LA FRASE COMPLESSA

Costruzioni concessive iterative

- Lo spagnolo utilizza spesso un particolare tipo di costruzione sintattica, con un verbo al modo congiuntivo ripetuto e un elemento quale una congiunzione o un pronome relativo a separare i due verbi. In italiano queste formule corrispondono normalmente a frasi al congiuntivo introdotte da aggettivi e pronomi indefiniti. In questa maniera è possibile esprimere più aspetti:

  - **Vengas cuando vengas**, *In qualunque momento tu venga* (tempo)
  - **Estés donde estés**, *Ovunque tu sia* (luogo)
  - **Te vistas como te vistas**, *In qualsiasi modo ti vesta* (modo)
  - **Hagas lo que hagas**, *Qualunque cosa tu faccia* (indefinito oggetto)
  - **Seas quien seas**, *Chiunque tu sia* (indefinito soggetto)

10 Completate con gli elementi dati:

→ *cuando / donde / como / lo que / quien*

a. Digas .... digas, no te creeré.

b. Vayas .... vayas, te seguiré.

c. Sea .... sea, esta tarde o esta noche, tengo que verte.

d. Llame .... llame, no estoy.

e. Bailes .... bailes, bien o mal, me gusta bailar contigo.

11 Completate con i verbi proposti, coniugati alla forma corretta:

→ *poner / llamar / venir / decir / conducir*

a. .... lo que .... mis amigos, lo haré.

b. .... quien .... a esta fiesta, yo no iré.

c. .... como .... , rápido o despacio, siempre tengo accidentes.

d. Las .... donde las .... , siempre pierdo las llaves.

e. .... cuando .... , aunque sea tarde, te contestaré.

Complimenti, eccovi al termine del capitolo 15! Ora è il momento di contare le vostre icone e di riportare il risultato a pag. 128.

16
L'ausiliare e i tempi composti

Voce attiva e voce passiva

- Il passivo è un po' meno usato in spagnolo, rispetto all'italiano. Una frase come *I ladri sono stati catturati dalla polizia*, per esempio, è resa di preferenza con la voce attiva: **La policía capturó a los ladrones**, *La polizia ha catturato i ladri*.

- Naturalmente il passivo esiste e si costruisce con l'ausiliare **ser** (attenzione: mai con *****venir**) seguito dal participio passato accordato in genere e numero con il soggetto.

I complementi d'agente e di causa efficiente sono introdotti dalla preposizione **por**, *da*.

- **Ser** si può coniugare a tutti i tempi e modi, come *essere* in italiano. Qui a destra uno schema delle principali corrispondenze temporali fra voce attiva e passiva:

> El escritor publica la novela.
> → La novela es publicada por el escritor.
> El músico ha compuesto la canción.
> → La canción ha sido compuesta por el músico.
> El arquitecto construyó estas casas.
> → Estas casas fueron construidas por el arquitecto.
> Los científicos realizarán nuevos inventos.
> → Nuevos inventos serán realizados por los científicos.

1 Leggete le seguenti frasi e determinate la voce, attiva o passiva, alla quale sono espresse.

	Voce attiva	Voce passiva
a. La puerta fue abierta por el viento.	☐	☐
b. Mi primo me ha invitado para su cumpleaños.	☐	☐
c. Juan ha escrito estos cuadernos de ejercicios.	☐	☐
d. Estos cuadernos son utilizados por muchas personas.	☐	☐
e. El año que viene, otro cuaderno será publicado por Assimil.	☐	☐
f. Estos autores son muy apreciados por el público.	☐	☐
g. Las empresas contratan a las personas que saben idiomas.	☐	☐
h. Ojalá mis amigos no sean despedidos por la empresa.	☐	☐

CAPITOLO 16: L'AUSILIARE E I TEMPI COMPOSTI

2 Trasformate le frasi dell'esercizio precedente al passivo quando sono attive, e viceversa.

a. ....
b. ....
c. ....
d. ....
e. ....
f. ....
g. ....
h. ....

Le preposizioni *por* e *para*

- Ecco gli usi principali di due preposizioni generalmente traducibili in italiano con *per*.

- **Para** indica il fine, lo scopo, nonché il destinatario di un'azione o di un oggetto, l'attitudine, l'utilità. Assume anche un valore finale temporale:

  – **Leo la prensa para seguir la actualidad**, *Leggo i giornali per seguire l'attualità.*
  – **Este regalo es para ti**, *Questo regalo è per te.*
  – **No estoy hecho para las matemáticas**, *Non sono portato per la matematica.*
  – **El cuchillo suizo sirve para todo**, *Il coltellino svizzero serve per tutto.*
  – **Para la semana que viene…**, *Per la prossima settimana…*

- **Para** serve inoltre a esprimere l'opinione:

  – **Para mí, Messi es mejor que Ronaldo**, *Per me, Messi è migliore di Ronaldo.*

- **Por** ha un valore spaziale ed esprime il complemento di moto per luogo oppure un luogo indefinito:

  – **Siempre paso por Madrid**, *Passo sempre per / da Madrid.*
  – **Vive por el barrio de Salamanca**, *Abita da qualche parte nel Barrio de Salamanca.*

- **Por** si usa anche in diverse espressioni di tempo:

  – **Por la tarde**, *Al pomeriggio.*
  – **Tres veces por día**, *Tre volte al giorno.*

- **Por** indica infine la causa, nonché l'agente o la causa efficiente:

  – **Lo hago por amistad**, *Lo faccio per amicizia.*
  – **La ventana fue abierta por el viento**, *La finestra fu aperta dal vento.*

CAPITOLO 16: L'AUSILIARE E I TEMPI COMPOSTI

3 Completate le seguenti frasi con *por* o *para*.

a. .... llegar a casa, lo mejor es que pases .... aquí.

b. He reservado una mesa .... cuatro personas.

c. No me gusta trabajar .... la noche.

d. Viene a verme una vez .... año.

e. ¿............ dónde estará? Hace días que no lo veo.

f. ¿Estás cansado? Eso te pasa .... acostarte tan tarde.

g. .... su capacidad, es un coche .... familias numerosas.

h. ¿Me podrías entregar el trabajo .... el martes?

4 Traducete queste frasi.

a. Per mangiare una buona paella, va' in questo ristorante.

b. Ho portato qualcosa per te.

c. Lo sport fa bene *(è buono per)* alla salute.

d. Ho viaggiato per la Spagna quest'estate.

e. Al mattino prendo del caffè.

f. Per te, qual è il miglior film?

g. Voglio questo lavoro per domani.

L'ausiliare *haber* e altri casi

- Attenzione: a differenza dell'italiano che usa due ausiliari (*essere* e *avere*) a seconda dei verbi, i tempi composti spagnoli si costruiscono solo e unicamente con l'ausiliare **haber**. Per questa ragione i participi passati nei tempi composti sono sempre invariabili in spagnolo.

    – **He comido,** *Ho mangiato.*   – **Ha pasado,** *È passato.*
    – **Has ido,** *Sei andata.*   – **Hemos venido,** *Siamo venuti.*

- Come abbiamo visto (cfr. pag. 104), solo le frasi passive hanno l'ausiliare **ser** e i participi accordati. Non con funzione di ausiliare, avremo inoltre **estar** seguito da aggettivi o participi con funzioni di aggettivo. Non bisognerà perciò confondere:

    – *Pedro è stanco* (essere + aggettivo o participio aggettivato), **Pedro está cansado.**
    – *Il libro è pubblicato dall'editore* (passivo), **El libro es publicado por el editor**.
    – *Pedro è tornato* (passato prossimo), **Pedro ha vuelto**.

CAPITOLO 16: L'AUSILIARE E I TEMPI COMPOSTI

5 Per ognuna di queste frasi c'è solo un verbo corretto: barrate gli altri.

a. Juan [**se ha arruinado / se es arruinado / se está arruinado**] con el juego.

b. Soy español, [**he nacido / estoy nacido**] en Sevilla.

c. Como la puerta estaba cerrada, [**estoy entrado / soy entrado / he entrado**] por la ventana.

d. Juan [**ha insatisfecho / está insatisfecho**] con el resultado del partido.

e. Yo [**soy cerrado / estoy cerrado / he cerrado**] bien la puerta: ¿por qué [**es abierta / está abierta / ha abierta**]?

f. Como hacía buen tiempo, [**somos salidos / hemos salido / estamos salidos**] a pasear.

g. La empresa lo [**está despedido / ha despedido / es despedido**]: no tiene trabajo y [**está desesperado / ha desesperado / es desesperado**].

h. ¡Si mis gafas [**están rotas / son rotas**] es que alguien las [**está roto / es roto / ha roto**]!

6 Traducete le seguenti frasi.

a. Siamo saliti per vederti.

b. Sono tornati per comprare il pane.

c. Le porte sono ben chiuse.

d. La porta è stata aperta dal vento.

e. Il film è stato visto da molte persone.

f. Ho rotto i miei occhiali.

g. I miei occhiali sono rotti.

h. Questo libro è ben scritto.

CAPITOLO 16: L'AUSILIARE E I TEMPI COMPOSTI

La formazione dei tempi composti

- Siccome vi è un unico ausiliare per i tempi composti, è sufficiente coniugare **haber** a tutti i tempi e modi per avere il quadro completo dei tempi composti spagnoli:
  - **Ha hecho**, *Ha fatto* (passato prossimo)
  - **Había hecho**, *Aveva fatto* (trapassato prossimo)
  - **Lo habría hecho**, *Lo avrebbe fatto* (condizionale passato)
  - **No creo que lo haya hecho**, *Non credo che l'abbia fatto* (congiuntivo passato)
  - **Si hubiera podido…**, *Se avessi potuto…* (congiuntivo trapassato)

- L'ultimo esempio qui sopra ci mostra il periodo ipotetico di terzo tipo, detto dell'irrealtà; è come in italiano, ma attenzione, il condizionale passato della principale può essere sostituito dal congiuntivo trapassato (che viene così a trovarsi sia nella principale sia nella subordinata):
  - **Si lo hubiera sabido, lo habría dicho / lo hubiera dicho**, *Se l'avessi saputo, l'avrei detto.*

L'ausiliare haber

presente	imperfetto	condizionale	cong. presente	cong. imperfetto
he	había	habría	haya	hubiera
has	habías	habrías	hayas	hubieras
ha	había	habría	haya	hubiera
hemos	habíamos	habríamos	hayamos	hubiéramos
habéis	habíais	habríais	hayáis	hubierais
han	habían	habrían	hayan	hubieran

7 Scrivete 5 periodi ipotetici della possibilità alla 1ª persona singolare *(Se fossi…, farei…)*, unendo gli elementi proposti qui sotto.

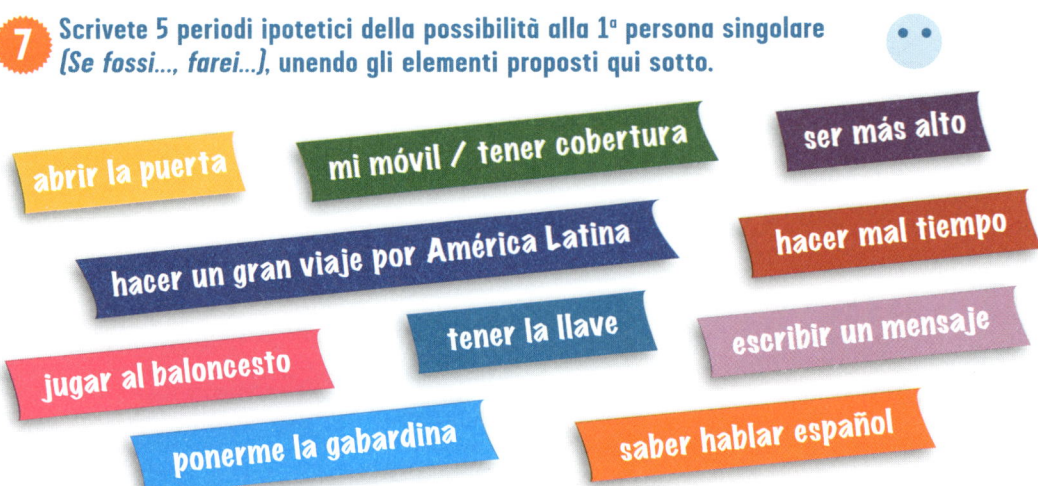

- abrir la puerta
- mi móvil / tener cobertura
- ser más alto
- hacer un gran viaje por América Latina
- hacer mal tiempo
- jugar al baloncesto
- tener la llave
- escribir un mensaje
- ponerme la gabardina
- saber hablar español

CAPITOLO 16: L'AUSILIARE E I TEMPI COMPOSTI

a. Si ....

b. Si ....

c. Si ....

d. Si ....

e. Si ....

8 Trasformate le 5 frasi dell'esercizio precedente in periodi ipotetici dell'irrealtà *(Se fossi stato..., avrei fatto...)*.

a. Si ....

b. Si ....

c. Si ....

d. Si ....

e. Si ....

9 Completate i tempi composti delle frasi qui sotto con una delle forme proposte dell'ausiliare *haber*.

| había | haya | habría | hubiera | ha |

a. Si no .... comprado este cuaderno, no .... repasado la gramática.

b. No .... hecho tantos ejercicios en mi vida.

c. Cuando .... repasado toda la gramática, hablaré bastante mejor español.

d. Siempre me .... encantado aprender idiomas.

Complimenti, eccovi al termine del capitolo 16! Ora è il momento di contare le vostre icone e di riportare il risultato a pag. 128.

Lessico e lettura 3: l'abbigliamento

Vestirsi... alla spagnola

- **El Corte Inglés** è ancora la più importante catena di grandi magazzini in Spagna, ma nella sua scia sono nati altri gruppi molto famosi e diffusi anche all'estero, dedicati in particolare all'abbigliamento e agli accessori, come **Zara**, **Mango**, **Cortefiel** e **Desigual**. Tutti questi marchi hanno anche delle linee specificamente dedicate ai giovani, come **Bershka**, **Pull&Bear** o **Sfera**.

- Per quanto riguarda le calzature, **Camper** si rivolge soprattutto a un pubblico *casual* e moderno. In ambito più sportivo, **Coronel Tapiocca** veste gli amanti di escursionismo e passeggiate nella natura... dalla testa ai piedi.

- Ecco un piccolo lessico utile per lo *shopping* alla moda:

camisa: *camicia*
camiseta: *T-shirt*
cazadora: *giubbotto*
chándal: *tuta, felpa*
chaqueta: *giacca*
deportivas: *scarpe da ginnastica*
falda: *gonna*
gorra: *berretto*
pantalón: *pantaloni*
ropa: *abiti*
vaqueros: *jeans*
vestido: *vestito*
zapatos: *scarpe*

1 Riordinate i cinque frammenti del testo di María Menéndez-Ponte, da *No tengo nada que ponerme* (*Maldita adolescente*, Editorial SM, 2001):

........./........./........./........./.........

A
– Pues no sé... Con un top, una mini...
– Vamos, de lo que tienes lleno el armario.

B
– Pues es bien mona.
– Sí, será monísima, pero tú no conoces a mis amigas, van todas de marca.
– ¡Vaya bobada!

C
– ¡Pero mamá, qué cursilada! Nadie va así vestida a una fiesta.
– ¿Cómo van entonces?

D
– Oye, ¿y qué te vas a poner?
– No tengo nada.
– ¿Cómo que no tienes nada? ¿Y el vestido de las Navidades?

E
– ¿Lleno, dices? A ver, ¿cuántas minifaldas tengo?
– Que yo recuerde, tres.
– Si cuentas las dos que no me sirven... Y encima la que tengo es de Continente. ¿Cómo voy a ir a una fiesta con una falda de Continente?

LESSICO E LETTURA 3: L'ABBIGLIAMENTO

2 Comprensione scritta del testo precedente: per ogni inizio di frase scegliete la giusta continuazione.

a. Los dos personajes de este diálogo son…
☐ una madre y su hija.   ☐ dos compañeras de colegio.   ☐ dos hermanas.

b. La joven que habla va a ir…
☐ al colegio.   ☐ a una actividad extraescolar.   ☐ a una fiesta.

c. Según ella, sus amigas van a vestir…
☐ la ropa cotidiana.   ☐ la ropa de Navidad.   ☐ un top y una minifalda.

d. No quiere ponerse las faldas que tiene…
☐ porque no le gusta el color.   ☐ porque no son de marca.   ☐ porque son de marca.

3 Secondo il contesto del brano, che cosa significano secondo voi queste espressioni?

a. Una cursilada:
☐ una cosa fuori moda
☐ una cosa pacchiana
☐ una cosa a buon mercato

b. ¡Vaya bobada!
☐ Che sciocchezza!
☐ Che classe!
☐ Che male!

c. Pues no sé…:
☐ E poi non sono io…
☐ Beh, non andarci…
☐ Mah, non saprei…

d. Es bien mona:
☐ È molto carina.
☐ Ce n'è solo una.
☐ Beh, pazienza.

111

LESSICO E LETTURA 3: L'ABBIGLIAMENTO

4 Utilizzando le parole del brano a pag. 110, traducete le seguenti frasi.

a. La tua gonna sarà del Continente ma è carinissima.

  → ....

b. Tutte le mie amiche indossano capi firmati.

  → ....

c. Il tuo armadio è pieno di vestiti e di minigonne.

  → ....

d. Non voglio andare vestita così a una festa.

  → ....

e. Come puoi dire che non hai niente da metterti?

  → ....

5 Vi ricordate i nomi spagnoli di questi indumenti, senza ricorrere alla lista di pag. 110?

a. ....
b. ....
c. ....
d. ....
e. ....
f. ....
g. ....
h. ....
i. ....

LESSICO E LETTURA 3: L'ABBIGLIAMENTO

6 E per finire, un altro *damero maldito*! Come a pag. 77, rispondete alle definizioni, riportate nella griglia le parole trovate, scrivete la frase nascosta e traducetela.

a. Plato típico de España a base de arroz.
| 10 | 27 | 38 | 7 | 17 | 1 |

b. La madre de mi mujer.
| 2 | 35 | 18 | 23 | 12 | 22 |

c. Cuarenta y cinco entre tres.
| 14 | 24 | 6 | 40 | 34 | 8 |

d. Demostrativo y también letra del alfabeto.
| 16 | 9 | 30 |

e. Sentimiento que une a los amigos.
| 20 | 5 | 4 | 31 | 26 | 13 | 37 |

f. El día tiene veinticuatro.
| 19 | 41 | 39 | 36 | 3 |

g. Pronombre para el tratamiento formal.
| 15 | 25 | 32 | 11 | 28 |

h. 3ª persona del singular del presente de oír.
| 29 | 21 | 33 |

i. La frase escondida es:
....
....
....
....

j. Y su traducción es:
....
....
....
....

1	2	3	4	5	6	7
■	8	9	10	11	12	13
	14	15	16	■	17	18
	19	20	21	22	■	23
24	25	26	27	28	29	■
30	31	32	33	■	34	35
36	37	38	39	40	41	■

Complimenti, eccovi al termine del capitolo Lessico e lettura 3! Ora è il momento di contare le vostre icone e di riportare il risultato a pag. 128.

Tavole di coniugazione

Infinitivo (infinito)	Presente de indicativo (indicativo presente)		Presente de subjuntivo (congiuntivo presente)		Imperativo (imperativo)		Pretérito imperfecto de indicativo (indicativo imperfetto)	
I verbi regolari								
Hablar *parlare*	hablo hablas habla	hablamos habláis hablan	hable hables hable	hablemos habléis hablen	habla	hablad	hablaba hablabas hablaba	hablábamos hablabais hablaban
Aprender *imparare*	aprendo aprendes aprende	aprendemos aprendéis aprenden	aprenda aprendas aprenda	aprendamos aprendáis aprendan	aprende	aprended	aprendía aprendías aprendía	aprendíamos aprendíais aprendían
Vivir *vivere*	vivo vives vive	vivimos vivís viven	viva vivas viva	vivamos viváis vivan	vive	vivid	vivía vivías vivía	vivíamos vivíais vivían
I verbi dittongati e ➡ ie o ➡ ue								
Pensar *pensare*	pienso piensas piensa	pensamos pensáis piensan	piense pienses piense	pensemos penséis piensen	piensa	pensad	pensaba pensabas pensaba	pensábamos pensabais pensaban
Entender *capire*	entiendo entiendes entiende	entendemos entendéis entienden	entienda entiendas entienda	entendamos entendáis entiendan	entiende	entended	entendía entendías entendía	entendíamos entendíais entendían
Contar *raccontare*	cuento cuentas cuenta	contamos contáis cuentan	cuente cuentes cuente	contemos contéis cuenten	cuenta	contad	contaba contabas contaba	contábamos contabais contaban
Mover *muovere*	muevo mueves mueve	movemos movéis mueven	mueva muevas mueva	movamos mováis muevan	mueve	moved	movía movías movía	movíamos movíais movían
I verbi con alternanza vocalica e ➡ i								
Pedir *chiedere*	pido pides pide	pedimos pedís piden	pida pidas pida	pidamos pidáis pidan	pide	pedid	pedía pedías pedía	pedíamos pedíais pedían

Seguono lo stesso modello: seguir, corregir, despedir, elegir, impedir, medir, servir, vestir.

TAVOLE DI CONIUGAZIONE

Pretérito indefinido (passato remoto)		Pretérito imperfecto de subjuntivo (congiuntivo imperfetto)		Futuro (futuro)		Condicional (condizionale)		Gerundio / Part. pasivo (gerundio / part. passato)	
hablé	hablamos	hablara	habláramos	hablaré	hablaremos	hablaría	hablaríamos	g.	hablando
hablaste	hablasteis	hablaras	hablarais	hablarás	hablaréis	hablarías	hablaríais	p.p.	hablado
habló	hablaron	hablara	hablaran	hablará	hablarán	hablaría	hablarían		
aprendí	aprendimos	aprendiera	aprendiéramos	aprenderé	aprenderemos	aprendería	aprenderíamos	g.	aprendiendo
aprendiste	aprendisteis	aprendieras	aprendierais	aprenderás	aprenderéis	aprenderías	aprenderíais	p.p.	aprendido
aprendió	aprendieron	aprendiera	aprendieran	aprenderá	aprenderán	aprendería	aprenderían		
viví	vivimos	viviera	viviéramos	viviré	viviremos	viviría	viviríamos	g.	viviendo
viviste	vivisteis	vivieras	vivierais	vivirás	viviréis	vivirías	viviríais	p.p.	vivido
vivió	vivieron	viviera	vivieran	vivirá	vivirán	viviría	vivirían		
pensé	pensamos	pensara	pensáramos	pensaré	pensaremos	pensaría	pensaríamos	g.	pensando
pensaste	pensasteis	pensaras	pensarais	pensarás	pensaréis	pensarías	pensaríais	p.p.	pensado
pensó	pensaron	pensara	pensaran	pensará	pensarán	pensaría	pensarían		
entendí	entendimos	entendiera	entendiéramos	entenderé	entenderemos	entendería	entenderíamos	g.	entendiendo
entendiste	entendisteis	entendieras	entendierais	entenderás	entenderéis	entenderías	entenderíais	p.p.	entendido
entendió	entendieron	entendiera	entendieran	entenderá	entenderán	entendería	entenderían		
conté	contamos	contara	contáramos	contaré	contaremos	contaría	contaríamos	g.	contando
contaste	contasteis	contaras	contarais	contarás	contaréis	contarías	contaríais	p.p.	contado
contó	contaron	contara	contaran	contará	contarán	contaría	contarían		
moví	movimos	moviera	moviéramos	moveré	moveremos	movería	moveríamos	g.	moviendo
moviste	movisteis	movieras	movierais	moverás	moveréis	moverías	moveríais	p.p.	movido
movió	movieron	moviera	movieran	moverá	moverán	movería	moverían		
pedí	pedimos	pidiera	pidiéramos	pediré	pediremos	pediría	pediríamos	g.	pidiendo
pediste	pedisteis	pidieras	pidierais	pedirás	pediréis	pedirías	pediríais	p.p.	pedido
pidió	pidieron	pidiera	pidieran	pedirá	pedirán	pediría	pedirían		

Seguono lo stesso modello: seguir, corregir, despedir, elegir, impedir, medir, servir, vestir.

TAVOLE DI CONIUGAZIONE

Infinitivo (infinito)	Presente de indicativo (indicativo presente)		Presente de subjuntivo (congiuntivo presente)		Imperativo (imperativo)		Pretérito imperfecto de indicativo (indicativo imperfetto)	
I verbi dittongati e con alternanza vocalica e → ie / i o → ue / u								
Sentir *sentire, provare*	siento sientes siente	sentimos sentís sienten	sienta sientas sienta	sintamos sintáis sientan	siente	sentid	sentía sentías sentía	sentíamos sentíais sentían
Seguono lo stesso modello: divertir, mentir, preferir, sugerir.								
Dormir *dormire*	duermo duermes duerme	dormimos dormís duermen	duerma duermas duerma	durmamos durmáis duerman	duerme	dormid	dormía dormías dormía	dormíamos dormíais dormían
Segue lo stesso modello: morir.								
I verbi in -acer / -ecer / -ocer / -ucir, come conocer c → zc								
Conocer *conoscere*	conozco conoces conoce	conocemos conocéis conocen	conozca conozcas conozca	conozcamos conozcáis conozcan	conoce	conoced	conocía conocías conocía	conocíamos conocíais conocían
Seguono lo stesso modello: nacer, obedecer, padecer, parecer, pertenecer, relucir.								
I verbi in -ducir, come conducir c → zc c → j								
Conducir *guidare*	conduzco conduces conduce	conducimos conducís conducen	conduzca conduzcas conduzca	conduzcamos conduzcáis conduzcan	conduce	conducid	conducía conducías conducía	conducíamos conducíais conducían
Seguono lo stesso modello: deducir, introducir, producir, traducir, seducir.								

TAVOLE DI CONIUGAZIONE

Pretérito indefinido (passato remoto)		Pretérito imperfecto de subjuntivo (congiuntivo imperfetto)		Futuro (futuro)		Condicional (condizionale)		Gerundio / Part. pasivo (gerundio / part. passato)	
sentí	sentimos	sintiera	sintiéramos	sentiré	sentiremos	sentiría	sentiríamos	g.	sintiendo
sentiste	sentisteis	sintieras	sintierais	sentirás	sentiréis	sentirías	sentiríais	p.p.	sentido
sintió	sintieron	sintiera	sintieran	sentirá	sentirán	sentiría	sentirían		
Seguono lo stesso modello: divertir, mentir, preferir, sugerir.									
dormí	dormimos	durmiera	durmiéramos	dormiré	dormiremos	dormiría	dormiríamos	g.	durmiendo
dormiste	dormisteis	durmieras	durmierais	dormirás	dormiréis	dormirías	dormiríais	p.p.	dormido
durmió	durmieron	durmiera	durmieran	dormirá	dormirán	dormiría	dormirían		
Segue lo stesso modello: morir.									
conocí	conocimos	conociera	conociéramos	conoceré	conoceremos	conocería	conoceríamos	g.	conociendo
conociste	conocisteis	conocieras	conocierais	conocerás	conoceréis	conocerías	conoceríais	p.p.	conocido
conoció	conocieron	conociera	conocieran	conocerá	conocerán	conocería	conocerían		
Seguono lo stesso modello: nacer, obedecer, padecer, parecer, pertenecer, relucir.									
conduje	condujimos	condujera	condujéramos	conduciré	conduciremos	conduciría	conduciríamos	g.	conduciendo
condujiste	condujisteis	condujeras	condujerais	conducirás	conduciréis	conducirías	conduciríais	p.p.	conducido
condujo	condujeron	condujera	condujeran	conducirá	conducirán	conduciría	conducirían		
Seguono lo stesso modello: deducir, introducir, producir, traducir, seducir.									

TAVOLE DI CONIUGAZIONE

Infinitivo (infinito)	Presente de indicativo (indicativo presente)		Presente de subjuntivo (congiuntivo presente)		Imperativo (imperativo)		Pretérito imperfecto de indicativo (indicativo imperfetto)	
Altri verbi irregolari								
Andar *camminare*	ando andas anda	andamos andáis andan	ande andes ande	andemos andéis anden	anda	andad	andaba andabas andaba	andábamos andabais andaban
Caber *entrare, starci*	quepo cabes cabe	cabemos cabéis caben	quepa quepas quepa	quepamos quepáis quepan	cabe	cabed	cabía cabías cabía	cabíamos cabíais cabían
Caer *cadere*	caigo caes cae	caemos caéis caen	caiga caigas caiga	caigamos caigáis caigan	cae	caed	caía caías caía	caíamos caíais caían
Dar *dare*	doy das da	damos dais dan	dé des dé	demos deis den	da	dad	daba dabas daba	dábamos dabais daban
Decir *dire*	digo dices dice	decimos decís dicen	diga digas diga	digamos digáis digan	di	decid	decía decías decía	decíamos decíais decían
Estar *essere*	estoy estás está	estamos estáis están	esté estés esté	estemos estéis estén	está	estad	estaba estabas estaba	estábamos estabais estaban
Haber *avere* (ausiliare)	he has ha	hemos habéis han	haya hayas haya	hayamos hayáis hayan	he	habed	había habías había	habíamos habíais habían
Hacer *fare*	hago haces hace	hacemos hacéis hacen	haga hagas haga	hagamos hagáis hagan	haz	haced	hacía hacías hacía	hacíamos hacíais hacían
Ir *andare*	voy vas va	vamos vais van	vaya vayas vaya	vayamos vayáis vayan	ve	id	iba ibas iba	íbamos ibais iban
Oír *sentire, udire*	oigo oyes oye	oímos oís oyen	oiga oigas oiga	oigamos oigáis oigan	oye	oíd	oía oías oía	oíamos oíais oían
Poder *potere*	puedo puedes puede	podemos podéis pueden	pueda puedas pueda	podamos podáis puedan	puede	poded	podía podías podía	podíamos podíais podían

TAVOLE DI CONIUGAZIONE

Pretérito indefinido (passato remoto)		Pretérito imperfecto de subjuntivo (congiuntivo imperfetto)		Futuro (futuro)		Condicional (condizionale)		Gerundio / Part. pasivo (gerundio / part. passato)	
anduve	anduvimos	anduviera	anduviéramos	andaré	andaremos	andaría	andaríamos	g.	andando
anduviste	anduvisteis	anduvieras	anduvierais	andarás	andaréis	andarías	andaríais	p.p.	andado
anduvo	anduvieron	anduviera	anduvieran	andará	andarán	andaría	andarían		
cupe	cupimos	cupiera	cupiéramos	cabré	cabremos	cabría	cabríamos	g.	cabiendo
cupiste	cupisteis	cupieras	cupierais	cabrás	cabréis	cabrías	cabríais	p.p.	cabido
cupo	cupieron	cupiera	cupieran	cabrá	cabrán	cabría	cabrían		
caí	caímos	cayera	cayéramos	caeré	caeremos	caería	caeríamos	g.	cayendo
caíste	caísteis	cayeras	cayerais	caerás	caeréis	caerías	caeríais	p.p.	caído
cayó	cayeron	cayera	cayeran	caerá	caerán	caería	caerían		
di	dimos	diera	diéramos	daré	daremos	daría	daríamos	g.	dando
diste	disteis	dieras	dierais	darás	daréis	darías	daríais	p.p.	dado
dio	dieron	diera	dieran	dará	darán	daría	darían		
dije	dijimos	dijera	dijéramos	diré	diremos	diría	diríamos	g.	diciendo
dijiste	dijisteis	dijeras	dijerais	dirás	diréis	dirías	diríais	p.p.	dicho
dijo	dijeron	dijera	dijeran	dirá	dirán	diría	dirían		
estuve	estuvimos	estuviera	estuviéramos	estaré	estaremos	estaría	estaríamos	g.	estando
estuviste	estuvisteis	estuvieras	estuvierais	estarás	estaréis	estarías	estaríais	p.p.	estado
estuvo	estuvieron	estuviera	estuvieran	estará	estarán	estaría	estarían		
hube	hubimos	hubiera	hubiéramos	habré	habremos	habría	habríamos	g.	habiendo
hubiste	hubisteis	hubieras	hubierais	habrás	habréis	habrías	habríais	p.p.	habido
hubo	hubieron	hubiera	hubieran	habrá	habrán	habría	habrían		
hice	hicimos	hiciera	hiciéramos	haré	haremos	haría	haríamos	g.	haciendo
hiciste	hicisteis	hicieras	hicierais	harás	haréis	harías	haríais	p.p.	hecho
hizo	hicieron	hiciera	hicieran	hará	harán	haría	harían		
fui	fuimos	fuera	fuéramos	iré	iremos	iría	iríamos	g.	yendo
fuiste	fuisteis	fueras	fuerais	irás	iréis	irías	iríais	p.p.	ido
fue	fueron	fuera	fueran	irá	irán	iría	irían		
oí	oímos	oyera	oyéramos	oiré	oiremos	oiría	oiríamos	g.	oyendo
oíste	oísteis	oyeras	oyerais	oirás	oiréis	oirías	oiríais	p.p.	oído
oyó	oyeron	oyera	oyeran	oirá	oirán	oiría	oirían		
pude	pudimos	pudiera	pudiéramos	podré	podremos	podría	podríamos	g.	pudiendo
pudiste	pudisteis	pudieras	pudierais	podrás	podréis	podrías	podríais	p.p.	podido
pudo	pudieron	pudiera	pudieran	podrá	podrán	podría	podrían		

TAVOLE DI CONIUGAZIONE

Infinitivo (infinito)	Presente de indicativo (indicativo presente)		Presente de subjuntivo (congiuntivo presente)		Imperativo (imperativo)		Pretérito imperfecto de indicativo (indicativo imperfetto)	
Altri verbi irregolari								
Poner *mettere*	pongo pones pone	ponemos ponéis ponen	ponga pongas ponga	pongamos pongáis pongan	pon	poned	ponía ponías ponía	poníamos poníais ponían
Querer *volere, amare*	quiero quieres quiere	queremos queréis quieren	quiera quieras quiera	queramos queráis quieran	quiere	quered	quería querías quería	queríamos queríais querían
Saber *sapere*	sé sabes sabe	sabemos sabéis saben	sepa sepas sepa	sepamos sepáis sepan	sabe	sabed	sabía sabías sabía	sabíamos sabíais sabían
Salir *uscire, partire*	salgo sales sale	salimos salís salen	salga salgas salga	salgamos salgáis salgan	sal	salid	salía salías salía	salíamos salíais salían
Ser *essere*	soy eres es	somos sois son	sea seas sea	seamos seáis sean	sé	sed	era eras era	éramos erais eran
Tener *avere*	tengo tienes tiene	tenemos tenéis tienen	tenga tengas tenga	tengamos tengáis tengan	ten	tened	tenía tenías tenía	teníamos teníais tenían
Traer *portare*	traigo traes trae	traemos traéis traen	traiga traigas traiga	traigamos traigáis traigan	trae	traed	traía traías traía	traíamos traíais traían
Valer *valere*	valgo vales vale	valemos valéis valen	valga valgas valga	valgamos valgáis valgan	vale	valed	valía valías valía	valíamos valíais valían
Venir *venire*	vengo vienes viene	venimos venís vienen	venga vengas venga	vengamos vengáis vengan	ven	venid	venía venías venía	veníamos veníais venían
Ver *vedere*	veo ves ve	vemos veis ven	vea veas vea	veamos veáis vean	ve	ved	veía veías veía	veíamos veíais veían

TAVOLE DI CONIUGAZIONE

Pretérito indefinido (passato remoto)		Pretérito imperfecto de subjuntivo (congiuntivo imperfetto)		Futuro (futuro)		Condicional (condizionale)		Gerundio / Part. pasivo (gerundio / part. passato)	
puse	pusimos	pusiera	pusiéramos	pondré	pondremos	pondría	pondríamos	g.	poniendo
pusiste	pusisteis	pusieras	pusierais	pondrás	pondréis	pondrías	pondríais	p.p.	puesto
puso	pusieron	pusiera	pusieran	pondrá	pondrán	pondría	pondrían		
quise	quisimos	quisiera	quisiéramos	querré	querremos	querría	querríamos	g.	queriendo
quisiste	quisisteis	quisieras	quisierais	querrás	querréis	querrías	querríais	p.p.	querido
quiso	quisieron	quisiera	quisieran	querrá	querrán	querría	querrían		
supe	supimos	supiera	supiéramos	sabré	sabremos	sabría	sabríamos	g.	sabiendo
supiste	supisteis	supieras	supierais	sabrás	sabréis	sabrías	sabríais	p.p.	sabido
supo	supieron	supiera	supieran	sabrá	sabrán	sabría	sabrían		
salí	salimos	saliera	saliéramos	saldré	saldremos	saldría	saldríamos	g.	saliendo
saliste	salisteis	salieras	salierais	saldrás	saldréis	saldrías	saldríais	p.p.	salido
salió	salieron	saliera	salieran	saldrá	saldrán	saldría	saldrían		
fui	fuimos	fuera	fuéramos	seré	seremos	sería	seríamos	g.	siendo
fuiste	fuisteis	fueras	fuerais	serás	seréis	serías	seríais	p.p.	sido
fue	fueron	fuera	fueran	será	serán	sería	serían		
tuve	tuvimos	tuviera	tuviéramos	tendré	tendremos	tendría	tendríamos	g.	teniendo
tuviste	tuvisteis	tuvieras	tuvierais	tendrás	tendréis	tendrías	tendríais	p.p.	tenido
tuvo	tuvieron	tuviera	tuvieran	tendrá	tendrán	tendría	tendrían		
traje	trajimos	trajera	trajéramos	traeré	traeremos	traería	traeríamos	g.	trayendo
trajiste	trajisteis	trajeras	trajerais	traerás	traeréis	traerías	traeríais	p.p.	traído
trajo	trajeron	trajera	trajeran	traerá	traerán	traería	traerían		
valí	valimos	valiera	valiéramos	valdré	valdremos	valdría	valdríamos	g.	valiendo
valiste	valisteis	valieras	valierais	valdrás	valdréis	valdrías	valdríais	p.p.	valido
valió	valieron	valiera	valieran	valdrá	valdrán	valdría	valdrían		
vine	vinimos	viniera	viniéramos	vendré	vendremos	vendría	vendríamos	g.	viniendo
viniste	vinisteis	vinieras	vinierais	vendrás	vendréis	vendrías	vendríais	p.p.	venido
vino	vinieron	viniera	vinieran	vendrá	vendrán	vendría	vendrían		
vi	vimos	viera	viéramos	veré	veremos	vería	veríamos	g.	viendo
viste	visteis	vieras	vierais	verás	veréis	verías	veríais	p.p.	visto
vio	vieron	viera	vieran	verá	verán	vería	verían		

1. Dalle lettere ai suoni

1 a. DVD *(DE UVE DE)* b. GPS *(GE PE ESE)* c. DNI *(DE ENE I)* d. WWW *(UVE DOBLE UVE DOBLE UVE DOBLE)* e. ONG *(O ENE GE)* f. HTTP *(HACHE TE TE PE)*.

2 a. **Come [ss] in italiano:** Sal, Sol, Sur, Semáforo, Silla, Salsa b. **Come [th] in inglese:** Zorro, Cero, Zapato, Ciruela, Zoológico, Zumo c. **Come la jota spagnola:** Julio, Jamón, Gitano, Girasol, Jirafa, Gel d. **Come [g] di gatto in italiano:** Guitarra, Guerra, Gorra, Gafas, Gato, Golondrina e. **Come [k] in italiano:** Queso, Cumpleaños, Calor, Quizás, Camino, Colega.

3

	○○○	○○	○○	○○	○○
a. Italia			✓		
b. México		✓			
c. España		✓			
d. Portugal				✓	
e. Perú				✓	
f. Bélgica		✓			
g. Canadá			✓		
h. Francia					✓
i. Suiza					✓
j. Brasil				✓	

4 a. paella ○○○○ b. gambas ○○○ c. arroz ○○○ d. cerveza ○○○○ e. mujer ○○○ f. salud ○○○ g. voleibol ○○○○ h. Esteban ○○○○ i. estadio ○○○○ j. pasaporte ○○○○○ k. Valladolid ○○○○○ l. martes ○○○

5 a. francés b. Cádiz c. fútbol d. café e. París f. dólar g. menú h. sofá i. sándwich j. módem k. váter l. jamón.

6 a. dos árboles b. dos ingleses c. dos balones d. dos andenes e. dos móviles.

7 a. un alemán b. un portátil c. un papel d. un danés e. un mitin.

8 a. ¡Encantado! b. ¿Hablas español? c. ¡Bienvenido! d. ¿De dónde eres? e. ¡Hola! f. ¿Cómo te llamas?

9 a. hache te te pe dos puntos barra doble uve doble uve doble uve doble punto assimil punto it b. belén guión bajo ausejo arroba hotmail punto com c. juan guión cordoba arroba gemail punto com.

2. Articoli, nomi, aggettivi e numeri

1 a. Mujeres al borde de un ataque de nervios b. La cabaña del tío Tom c. El señor de los anillos d. La guerra de las galaxias e. Blancanieves y los siete enanos f. El libro de la selva.

2 a. El precio de la tortilla. b. Quiero tortilla. c. Quiero una tortilla. d. Quiero manzanas. e. El precio de los huevos. f. Quiero huevos. g. Quiero vino. h. Quiero un pan.

3 a. El producto del mercado. b. La imagen de la ciudad. c. La ley del país.

4 **Femminile singolare:** la estudiante seria / la directora alegre / la tenista triste / la chica simpática / la pianista famosa / la escritora interesante / la amiga fiel / la cantante actual. **Maschile singolare:** el estudiante serio / el director alegre / el tenista triste / el chico simpático / el pianista famoso / el escritor interesante / el amigo fiel / el cantante actual. **Femminile plurale:** las estudiantes serias / las directoras alegres / las tenistas tristes / las chicas simpáticas / las pianistas famosas / las escritoras interesantes / las amigas fieles / las cantantes actuales. **Maschile plurale:** los estudiantes serios / los directores alegres / los tenistas tristes / los chicos simpáticos / los pianistas famosos / los escritores interesantes / los amigos fieles / los cantantes actuales.

5 a. La sangre es roja. b. Los árboles son marrones. c. La leche es blanca. d. Tus ojos son azules como el cielo. e. La hierba es verde. f. Las panteras son negras. g. El jamón de York es rosa. h. Los limones son amarillos.

6 a. Barack es estadounidense. Es de Nueva York. b. Jacques es belga. Es de Bruselas. c. Samia es marroquí. Es de Rabat. d. Fernanda es portuguesa. Es de Lisboa. e. Hinge es alemana. Es de Berlín. f. Guadalupe es mexicana. Es de Cancún.

7 a. siete por once igual setenta y siete b. treinta y tres menos ocho igual veinticinco c. catorce más quince igual veintinueve d. ochenta y cuatro entre cuatro igual veintiuno.

8 a. cincuenta y siete b. ochenta y seis c. cuarenta y uno d. quince e. novecientos uno f. setecientos ocho g. dos h. cuatrocientos veintiuno i. tres mil trescientos treinta j. ciento sesenta y cuatro k. quinientos doce l. ciento noventa y nueve m. siete mil doscientos siete.

9 a. Trescientas cuarenta y siete manzanas. b. Dos mil quinientas trece amigas. c. Mil novecientas veintiocho tortillas.

3. I pronomi personali e le coniugazioni

1 a. Leggete: Leéis
b. Cantiamo: Cantamos
c. Scrive: Escribe
d. Parlo: Hablo
e. Apro: Abro
f. Balliamo: Bailamos
g. Leggono: Leen
h. Mangi: Comes
i. Bevete: Bebéis
j. Viviamo: Vivimos.

[cruciverba con: BAILAMOS, ABRO, COMES, LEÉIS, BEBÉIS]

2 a. bailo: ballo b. vive: vive c. escribís: scrivete d. abres: apri e. bebemos: beviamo f. cantan: cantano g. hablamos: parliamo h. comen: mangiano i. habla: parla j. lee: legge.

[cruciverba con: BAILO, HABLE, VIVE, ESCRIBIS, ABRES, CANTAN, COMES]

3 a. Los leo. b. Lo compro. c. Los como. d. La toco. e. Las quiero. f. Las canto. g. La escribo. h. Lo hablo.

4 a. Nos escribe cartas. b. Nos las escribe. c. Os escribimos un mail. d. Os lo escribimos. e. Me lees libros. f. Me los lees. g. Te abren los brazos. h. Te los abren. i. Les abrimos la puerta. j. Se la abrimos. k. Le leo poesías. l. Se las leo.

5 a. El libro es para ellas. b. Cantas para mí. c. Bailamos delante de ellos. d. Coméis después de nosotros. e. Hablan de vosotros. f. Como sin ti. g. Quiere comer conmigo.

6 a. Me lavo las manos antes de comer. b. Me lavo los dientes después de comer. c. Como delante de la tele. d. Echo la siesta después de comer. e. Se esconde detrás de un árbol.

7 a. A ellos no les gustan los ordenadores. b. A nosotras nos gustan las gambas. c. A mí me horrorizan los ordenadores. d. A ti te encantan las gambas. e. A vosotros os gusta España. f. A él no le gusta leer libros.

8 a. ¿Cómo se llama usted? b. ¿Dónde vive usted? c. ¿Le gusta la paella? d. ¡No le comprendo! e. ¿Habla usted español? f. ¿Es usted italiana? g. Quiero hablar con usted.

4. Possessivi, dimostrativi, indefiniti

1 a. Son mis cartas. b. Es nuestro pasaporte. c. Son vuestras guitarras. d. Son sus móviles. e. Son sus colegas. f. Es vuestro libro. g. Es tu perro. h. Son tus profesores. i. Son nuestras guitarras. j. Es su portátil. k. Es mi amigo. l. Es su balón.

2 a. No es mi libro, es el tuyo. b. No son mis gafas, son las tuyas. c. No son mis amigos, son los tuyos. d. No es tu carta, es la mía. e. No es tu abuela, es la suya. f. No son mis primas, son las suyas. g. No es tu padre, es el suyo. h. No es su ordenador, es el mío. i. No son sus discos, son los míos.

3 a. El perro no es nuestro. b. El portátil es mío. c. Los libros son suyos / son de ellos. d. La guitarra no es tuya. e. Las manzanas no son vuestras. f. Los discos no son tuyos.

4 **Hablo con un colega:** tratamiento de tú a. ¿Es tu/tuya la cerveza? b. ¿Son tus/tuyas las gambas? c. ¿Son tus/tuyos los discos? d. ¿Es tu/tuyo el móvil?
Hablo con mis hermanos: tratamiento de tú e. ¿Es vuestro/vuestro el libro? f. ¿Es vuestra/vuestra la consola? g. ¿Son vuestros/vuestros los patines? h. ¿Son vuestras/vuestras las camisetas?
Hablo con la abuela de un amigo: tratamiento de usted i. ¿Es su/suyo el té? j. ¿Es su/suya la revista? k. ¿Son sus/suyos los zapatos? l. ¿Son sus/suyas las gafas?

SOLUZIONI

5 **a.** No comprendo nada. *Non capisco nulla.* **b.** Aquí nadie canta. *Qui nessuno canta.* **c.** No quiero nada. *Non voglio niente.* **d.** Nadie me comprende. *Nessuno mi capisce.* **e.** No comprendo a nadie. *Non capisco nessuno.* **f.** No es nada simpático. *Non è per niente simpatico.* **g.** Aquí no vive nadie. *Qui non abita nessuno.* **h.** Nadie me quiere. *Nessuno mi ama.*

6 **a.** ¿Comprendes algo? *Capisci qualcosa?* **b.** ¿A alguien no le gusta la paella? *A qualcuno non piace la paella?* **c.** ¿Quieres beber algo? *Vuoi bere qualcosa?* **d.** ¿Quieres algo? *Vuoi qualcosa?* **e.** Quiero hablar con alguien. *Voglio parlare con qualcuno.* **f.** ¡Alguien te llama por teléfono! *Qualcuno ti chiama al telefono!* **g.** ¿Vive alguien aquí? *Abita qualcuno qui?* **h.** Hablo algo de inglés. *Parlo un po' di inglese.*

7 **a.** Me gusta bañarme aquí, en esta playa. **b.** Aquella playa, allí, es muy peligrosa. **c.** ¿Qué es eso que llevas ahí? **d.** ¿Comemos aquí, en este restaurante? **e.** ¿Qué es aquello que veo allí? **f.** Escribe tu número ahí, en esa libreta.

8 **a.** *Mi piace fare il bagno qui, in questa spiaggia.* **b.** *Quella spiaggia, laggiù, è molto pericolosa.* **c.** *Che cos'hai lì?* **d.** *Mangiamo qui, in questo ristorante?* **e.** *Che cos'è quello che vedo là?* **f.** *Scrivi il tuo numero qui, su questa agendina.*

9 **a.** ¿Es tuyo ese bolígrafo, ahí en tu mesa? **b.** Quiero estas manzanas, aquí, las rojas. **c.** En aquellos tiempos, no existían los ordenadores. **d.** Yo vivo aquí, en esta casa azul. **e.** Mi abuelo vive allí, en aquella casa verde. **f.** ¿Son vuestros esos zapatos, ahí en el suelo?

5. Ser, estar e la forma progressiva

1 **a.** Soy española. **b.** Eres médico. **c.** Es alta. **d.** Son simpáticos. **e.** Estáis cansados. **f.** Estáis indignadas. **g.** Estamos contentas. **h.** Son creyentes. **i.** Estás enfermo.

2 **a.** Estas aceitunas son muy buenas. **b.** Las aceitunas están buenas para la salud. **c.** Este perro es muy vivo. **d.** ¡El perro está vivo! **e.** Mi padre es muy joven. **f.** Mi padre está muy joven. **g.** Mis hermanas son morenas. **h.** Mis hermanas están morenas. **i.** ¡Qué guapa eres! **j.** ¡Qué guapa estás!

3 **a.** La solución no es evidente. **b.** Nosotros estamos en París. **c.** El problema no está ahí. **d.** ¿Qué día es hoy? **e.** Yo soy italiano, soy de Roma. **f.** Es la una de la tarde. **g.** La fiesta nacional es el 12 de octubre. **h.** ¿Qué hora es? **i.** La solución está en el trabajo. **j.** Mi cumpleaños es en primavera. **k.** No te veo: ¿dónde estás? **l.** Perdón, ¿a qué día estamos hoy? **m.** El problema es importante. **n.** El interés de la película está en los personajes. **o.** Pedro no está en casa. **p.** Es la una de la mañana. **q.** Nochebuena es la noche del 24 de diciembre.

4 **a.** Estoy abriendo la puerta. **b.** ¿A quién estáis llamando? **c.** Estamos comprando el pan.

5 **Gerundio:** bailando – bebiendo – tocando – hablando – comiendo – viviendo.

Infinito: bailar – beber – tocar – hablar – comer – vivir.

6 **a.** Pedro y Juan están comiendo una buena paella. **b.** Yo estoy bebiendo vino y tú estás bebiendo cerveza. **c.** Mi hermano está tocando la guitarra con sus amigos. **d.** Este año nosotros estamos viviendo en Londres. **e.** Lo que vosotros estáis bailando no es reggaetón, es cumbia. **f.** ¿De qué me estás hablando? ¡No te entiendo!

7 **a.** ¡Soy yo! **b.** ¡Somos nosotros! **c.** ¡Son ellos! **d.** ¡Es Usted!

8 **a.** Este anillo no es de oro. **b.** ¿De quién es este anillo? **c.** Tú estás de buen humor. **d.** ¿Usted es de Madrid? **e.** ¿Usted es de aquí? **f.** No, nosotros no somos de aquí. **g.** Nosotros estamos de viaje por España. **h.** Yo estoy de fiesta con unos amigos.

9 Hola, ¿está Carmen? / Sí, soy yo. / ¡Carmen! Soy Juan, ¿cómo estás? / ¡Juan! Qué contenta estoy de hablar contigo! ¿Dónde estás? / Estamos de fin de semana en Londres Isabel y yo.

6. I presenti irregolari e la frase semplice

1 **a.** Los niños mienten frecuentemente a sus padres. **b.** Yo me divierto mucho con la consola. **c.** Cuando vuelvo del trabajo, estoy muy cansado. **d.** Cuando estamos lejos, no nos acordamos de las personas. **e.** ¿Tú entiendes lo que te estoy explicando? **f.** Te quiero mucho y pienso mucho en ti. **g.** ¿Vosotros cerráis la puerta con llave cuando salís? **h.** La clase comienza cuando los alumnos se sientan. **i.** Los abuelos siempre cuentan historias a sus nietos. **j.** Nosotros perdemos mucho tiempo jugando con la Play. **k.** Mi hijo de dos años es muy listo: ¡cuenta hasta diez! **l.** ¿Vosotros dormís la siesta por las tardes?

2 **a.** No, no conozco Barcelona. **b.** No, no oigo nada. **c.** No, no salgo a pasear. **d.** No, no me pongo la gabardina. **e.** No, no conduzco bien. **f.** No, no hago nada. **g.** No, no digo nada. **h.** No, no tengo dinero. **i.** No, no vengo contigo. **j.** No, no traduzco del inglés. **k.** No, no te reconozco. **l.** No, no te obedezco.

3 **a.** ¿Cómo estás? **b.** ¿Cuánto cuesta? **c.** ¿Cuál es tu coche? **d.** ¿Cuándo es tu cumpleaños? **e.** ¿Cuáles son tus zapatos? **f.** ¿Quiénes son los padres de este niño? **g.** ¿Cuánta leche quiere? **h.** ¿Qué quieres? **i.** ¿Cuántos hermanos tienes? **j.** ¿Cuántas hermanas tienes? **k.** ¿Dónde vives? **l.** ¿Quién es el siguiente?

4 **a.** ¡Cuánto habla mi suegra! **b.** ¡Qué difíciles son estos problemas! **c.** ¡Cuántas amigas tienes en Facebook! **d.** ¡Qué alta es esta chica! **e.** ¡Cuánto duermen los bebés! **f.** ¡Cuántos perros hay en esta casa! **g.** ¡Qué tarde venís! **h.** ¡Cuánto dinero tiene este hombre!

5 **a.** ¡Qué libro más (tan) interesante! **b.** ¡Qué perra más (tan) simpática! **c.** ¡Qué playas más (tan) bonitas! **d.** ¡Qué coches más (tan) rápidos!

6 **a.** ¡Qué cansado parece este niño! **b.** ¡Qué cansado estoy! **c.** ¡Qué aspecto más cansado tienes! **d.** ¡Qué perro más listo tiene Miguel! **e.** ¡Qué cosas más divertidas cuentan mis amigos! **f.** ¡Qué libros más interesantes escribe usted! **g.** ¡Qué tarde comen los españoles!

7 **a.** José tiene cuarenta y cinco años, Pedro cincuenta y Juan treinta y ocho: José es mayor que Juan y menor que Pedro. **b.** Vivir en una ciudad es mejor para las diversiones pero el aire es de peor calidad que en el campo.

8 **a.** Conozco menos ciudades que tú. **b.** Tengo más libros que él. **c.** La cerveza es tan cara como en Italia. **d.** Trabajo tantas horas como tú. **e.** Trabaja tanto como yo. **f.** Son tan altos como tontos.

Lessico e lettura 1: identità e famiglia

1 ④ Soy de Madrid. ⑤ ¿A qué te dedicas? ① Hola, me llamo Ana, y tú, ¿cómo te llamas? ③ Encantada. Soy argentina. Y tú, ¿de dónde eres? ⑥ Trabajo en un hospital, soy enfermero. ② Hola, yo soy Luis. Encantado.

2 ¿Cómo se llama el fotógrafo? → Se llama Ángel Ruiz Pellicer. / ¿A qué se dedica Rosana Bisbal Antón? → Es comercial / ¿Dónde vive la abogada? → Vive en Acapulco. / ¿Cuál es el número de teléfono del periodista? → Es el 933547677.

3 **a.** ¿Cómo se llama el periodista? **b.** ¿A qué se dedica Ángel Ruiz Pellicer? **c.** ¿Dónde vive Rosana Bisbal Antón? **d.** ¿Cuál es el número de teléfono de la abogada?

4 **a.** 274 de cada mil mujeres. **b.** 7 de cada cien residentes. **c.** Uno de cada diez hombres. **d.** Tres de cada cuatro mujeres.

5 **a.** Verdadero **b.** Falso **c.** Verdadero **d.** Verdadero **e.** Falso **f.** Falso.

6

	1900 1910	1910 1920	1930 1940	1940 1950	1950 1960	1960 1970	1970 1980	1980 1990	1990 2000	2000 ....
Adrián										X X
Alejandro										X
José Antonio				X	X					
Daniel									X X	
David							X	X	X	
José	X	X	X	X						
Pablo									X X	

SOLUZIONI

7 a. El siglo XXI. **b.** Comienzos del siglo XX. **c.** Finales de los años treinta. **d.** Hasta finales de los años cincuenta. **e.** A partir de comienzos de los años ochenta. **f.** El siglo XX.

8 Da sinistra a destra e dal basso verso l'alto: José, Carmen / Javier, María, Julia, Lorenzo, Antonio, Rocío / Dolores, Andrés, Lucía, Paula, Juan, Luisa.

7. Perifrasi verbali e presenti irregolari

1 a. Vuelve a llamar a su hijo. **b.** Volvéis a contar la misma historia. **c.** El niño vuelve a mentir. **d.** Vuelvo a nacer. **e.** Vuelven a cerrar la puerta. **f.** Volvemos a estar juntos. **g.** Vuelven a trabajar en Madrid. **h.** Usted vuelve a viajar a España. **i.** Volvemos a ser amigos. **j.** Volvemos a leer este libro.

2 a. Mi abuelo suele acordarse de mí. **b.** Suelo conducir una moto. **c.** Sueles perder tus llaves. **d.** Suelo sentarme en este banco. **e.** Solemos hacer deporte. **f.** Usted suele entender rápido. **g.** Soléis hablar francés. **h.** Sueles comer a las tres. **i.** ¿Sueles salir a bailar? **j.** Solemos estar en casa.

3 Ríes, reímos, reín, reís, riemos, río, ríen, reo, reí, riéis, ríe, rees. Presente indicativo di **reír**: río, ríes, ríe, reímos, reís, ríen.

4 a. ¿Por qué sonríes? ¿Pensáis en algo divertido? **b.** Tú, ¿cómo te despides de la gente: das un beso o das la mano? **c.** Mi hermano mide un metro noventa. **d.** Nosotros siempre vestimos pantalones vaqueros. **e.** Los niños siempre piden dinero a los padres. **f.** Camarero, ¿me sirve Usted una cerveza, por favor? **g.** Si no repito muchas veces la conjugación, no me acuerdo.

5 a. Sirvo. **b.** Repetimos. **c.** Pides. **d.** Se despide. **e.** Miden. **f.** Usted ríe. **g.** Sonreís. **h.** Visto.

6 a. ¿Qué estás diciendo? **b.** ¿Por qué está Usted sonriendo? **c.** Mis hermanas se están vistiendo. **d.** No estamos pidiendo nada. **e.** Estoy repitiendo la lección. **f.** No estáis midiendo bien. **g.** Se está despidiendo de la abuela.

7 a. Entre París y Londres yo elijo París. **b.** ¿Seguís o abandonáis la carrera? **c.** Usted elige muy bien los colores con que viste. **d.** Estoy cansado: no sigo. **e.** Entre carne y pescado, nosotros elegimos pescado. **f.** Es un perro fiel: siempre sigue a su amo. **g.** Los gatos son independientes: no siguen a nadie. **h.** Eliges a tus amigos pero no a tus familiares.

8 a. Sigo escribiendo a mano. **b.** Siguen existiendo personas sin ordenador. **c.** Mi vieja pluma sigue sirviendo. **d.** Y tú, ¿sigues usando pluma y papel? **e.** Usted sigue haciendo las cosas como antes. **f.** Seguís siendo fieles al pasado. **g.** Seguimos sonriendo con las películas de Charlot.

8. Il congiuntivo presente

1 1ª **riga**: cantar, cante, cantes, cante, cantemos, cantéis, canten. 2ª **riga**: escribir, escriba, escribas, escriba, escribamos, escribáis, escriban. 3ª **riga**: salir, salga, salgas, salga, salgamos, salgáis, salgan. 4ª **riga**: vestir, vista, vistas, vista, vistamos, vistáis, vistan. 5ª **riga**: pensar, piense, pienses, piense, pensemos, penséis, piensen 6ª **riga**: leer, lea, leas, lea, leamos, leáis, lean. 7ª **riga**: conocer, conozca, conozcas, conozca, conozcamos, conozcáis, conozcan.

2 a. Hola, abuela, este libro es para ti, para que lo leas pensando en mí. **b.** Quiero que vosotros le escribáis una bonita carta a la abuela. **c.** A la abuela no le gusta Mario: no quiere que su nieta salga con él. **d.** La abuela quiere que nosotros vistamos bien para su cumpleaños. **e.** Queremos que Usted también conozca a la abuela. **f.** La abuela me llama muy a menudo para que siempre piense en ella. **g.** La abuela quiere que sus nietos canten la canción del cumpleaños feliz.

3 Queridos Reyes Magos: Soy un niño bueno y obediente que quiere mucho a sus padres. Por eso quiero que me traigáis un tren eléctrico muy grande, con muchos vagones para que pueda jugar con todos mis amigos. Ah, si es posible, también quiero que vengáis antes del 6 de enero porque el 8 vuelvo al cole y mis padres no quieren que juegue cuando hay escuela. ¡Muchas gracias! Manolito.

4 1ª **colonna**: traer, traiga, traigas, traiga, traigamos, traigáis, traigan. 2ª **colonna**: poder, pueda, puedas, pueda, podamos, podáis, puedan. 3ª **colonna**: venir, venga, vengas, venga, vengamos, vengáis, vengan. 4ª **colonna**: juegue, juegues, juegue, juguemos, juguéis, jueguen.

5 a. ¡Que viváis felices! **b.** ¡Que bailéis bien! **c.** ¡Que te diviertas! **d.** ¡Que vuelvas pronto!

6 a. ¡Ojalá tengan un buen viaje! **b.** ¡Ojalá viva usted muchos años! **c.** ¡Ojalá pueda asistir a tu cumpleaños! **d.** ¡Ojalá os guste esta paella! **e.** ¡Ojalá entiendas el problema! **f.** ¡Ojalá volvamos a España! **g.** ¡Ojalá los Reyes Magos traigan muchos regalos! **h.** ¡Ojalá sigas teniendo suerte!

7 a. No hablamos inglés. Qué lástima que no hablemos inglés. **b.** No bebéis cerveza. Qué lástima que no bebáis cerveza. **c.** No me gusta bailar. Qué lástima que no me guste bailar. **d.** No bailas bien. Qué lástima que no bailes bien. **e.** No conocen a mi hermana. Qué lástima que no conozcan a mi hermana. **f.** No oyes bien. Qué lástima que no oigas bien. **g.** No sirvo para nada. Qué lástima que no sirva para nada. **h.** No sonríen nunca. Qué lástima que no sonrían nunca.

8 a. usted / ¡No hagas eso! **b.** usted / ¡No comas paella! **c.** usted / ¡No leáis ese libro! **d.** tú / ¡No cierre la puerta! **e.** tú / ¡No se sienten aquí! **f.** usted / ¡No conduzcáis tan rápido! **g.** tú / ¡No digan palabrotas! **h.** tú / ¡No repita esa palabra!

9 a. Tal vez no abran por la tarde. **b.** Tal vez no comprenda el español. **c.** Tal vez no escribáis nunca cartas. **d.** Tal vez no hagas bien tu trabajo. **e.** Tal vez no lo reconozcamos. **f.** Tal vez no me despida de ellos. **g.** Tal vez no me entienda usted. **h.** Tal vez no os acordéis de él.

9. Verbi irregolari e uso dei modi verbali

1 a. ir: congiuntivo **b.** caber: indicativo **c.** saber: congiuntivo **d.** saber: congiuntivo **e.** dar: indicativo **f.** oír: indicativo **g.** ir: indicativo **h.** ver: indicativo **i.** ver: congiuntivo **j.** ser: congiuntivo **k.** estar: congiuntivo.

2 a. Este coche es muy espacioso: caben hasta seis personas. **b.** ¿Por qué vais siempre a Marbella? ¿Os gusta tanto la playa? **c.** Quiero que estéis en casa estudiando este fin de semana. **d.** Tal vez vayamos a Sevilla estas vacaciones. **e.** No sé dónde está esa calle, quizás lo sepáis vosotros. **f.** ¿Por qué no me ayudáis? No seáis tan perezosos. **g.** Ojalá lo vean mis ojos. **h.** Habla más alto, no te oigo bien. **i.** No te veo, ¿dónde estás? **j.** Te doy un libro para tu hermano.

3 a. Sois auténticos españoles: dormís la siesta por la tarde. **b.** Cuando su hijo le miente, el padre está furioso. **c.** Si hace mal tiempo, tal vez prefiramos quedarnos en casa. **d.** Estamos acostumbrados al frío: no lo sentimos. **e.** Qué pena que los toros mueran durante las corridas. **f.** Ojalá os divirtáis mucho durante la fiesta. **g.** No nos gusta ver películas en casa: preferimos salir. **h.** Siempre estáis de mal humor: no os divertís con nada. **i.** El padre no quiere que su hijo le mienta. **j.** Pone el radiador para que no sintamos frío. **k.** Ojalá durmáis bien esta noche. **l.** Algunas veces son los matadores los que mueren.

4 Risposte libere.

5 a. No creo que la tecnología haga más felices a los hombres. / ¡No creo que Internet aísle completamente a la gente! **b.** No pienso que los jóvenes de hoy solo piensen en su móvil. / ¡No pienso que muchos chicos y chicas colaboren en ONG's! **c.** No estoy convencido de que vivamos en un mundo que progresa sin cesar. / ¡No estoy convencido de que miles de personas mueran de hambre cada día! **d.** No estoy seguro de que entender de informática te ayude a conseguir un trabajo. / ¡No estoy seguro de que lo más importante sea tener una bonita letra! **e.** No es verdad que hoy la inmensa mayoría de la gente tenga un ordenador. / ¡No es verdad que en muchos países el ordenador siga siendo un lujo!

6 a. Me pregunto dónde vive. **b.** No sé por qué bebe. **c.** Creo que tienen dos hijos. **d.** Me parece que no trabajas. **e.** ¿Piensas que está enfermo?

SOLUZIONI

7 **a.** Me pides que te ayude. **b.** Te pido que salgas. **c.** Nos pide que repitamos. **d.** Nos piden que abramos. **e.** Usted me pide que cante.

8 **a.** Il professore ci dice di leggere libri in spagnolo. **b.** Il professore ci dice che leggiamo molto bene. **c.** Il professore ci dice che andiamo a vedere un film. **d.** Il professore ci dice di andare a vedere dei film.

9 **a.** La madre le dice a su hijo que <u>sea</u> prudente con la moto. **b.** Le pide que no <u>vaya</u> muy rápido. **c.** El hijo le dice que no se <u>preocupe</u>. **d.** Le dice que él <u>conduce</u> siempre con prudencia **e.** Le dice a su madre que <u>duerma</u> tranquila. **f.** Le dice que <u>puede</u> dormir tranquila.

10. L'imperativo, l'obbligo e la necessità

1 **a.** Necesita un ordenador. **b.** ¿Me necesitas? **c.** No te necesito. **d.** ¿Necesita dinero, señor? **e.** Necesitamos a Carmen. **f.** Hace falta un ordenador para trabajar. **g.** ¡Hacen falta gafas de sol? **h.** Hacen falta gambas en la paella. **i.** Para hacer una tortilla, hacen falta huevos. **j.** ¿Hace falta pan?

2 **a.** ¿Hay que sentarse aquí? *Bisogna sedersi qui?* **b.** ¿Hace falta que venga Pedro? *C'è bisogno che venga Pedro?* **d.** No hay que mentir. *Non si deve mentire.* **e.** Hay que cerrar la puerta. *Bisogna chiudere la porta.* **f.** Hace falta que vuelvas. *Occorre che tu vuelva.* **g.** Hay que viajar a menudo. *Bisogna viaggiare spesso.* **h.** Hay que leer libros. *Bisogna leggere libri.* **i.** Hace falta que lo sepas. *È necessario che tu lo sappia.*

3 **a.** Hace falta que hablen con él. **b.** Hace falta que leamos este libro. **c.** Hace falta que seáis pacientes. **d.** Hace falta que sigas estudiando.

4 **a.** Tienes que hacer un esfuerzo. **b.** No tenéis que pedir ayuda. **c.** ¿Tengo que ir yo? **d.** Tenemos que estar tranquilos.

5

Infinito	hablar	decir	hacer	pedir	ir	cerrar
Tú	habla	di	haz	pide	ve	cierra
Vosotros	hablad	decid	haced	pedid	id	cerrad

6 **a.** No os oigo: ¡<u>hablad</u> un poco más alto, por favor! **b.** ¡<u>Di</u> la verdad! ¿Me quieres o no? **c.** ¡Niños, antes de jugar, <u>haced</u> los deberes para la escuela! **d.** Isabel, <u>ve</u> a comprar el pan, por favor! **e.** ¡<u>Cerrad</u> bien la puerta! Os lo pido por favor. **f.** Hoy es tu cumpleaños: <u>pide</u> lo que quieres comer.

7 **a.** Contádsela. **b.** Llámalo. **c.** Póntela. **d.** Escribidlos. **e.** Probadlas. **f.** Dáselo. **g.** Entiéndela. **h.** Conducidlo.

8 **a.** Acuérdate de mí **b.** Acordaos de él. **c.** Divertíos mucho. **d.** Diviértete en esa fiesta.

9 **a.** Tratamiento de tú **b.** Tratamiento de usted **c.** Tratamiento de usted **d.** Tratamiento de tú.

10 **a.** Haz deporte. **b.** Haced deporte. **c.** Haga deporte. **d.** Hagan deporte. **e.** Ten cuidado con el perro. **f.** Tened cuidado con el perro. **g.** Tenga cuidado con el perro. **h.** Tengan cuidado con el perro. **i.** Conduce lentamente. **j.** Conducid lentamente. **k.** Conduzca lentamente. **l.** Conduzcan lentamente. **m.** Ponte el cinturón. **n.** Poneos el cinturón. **o.** Póngase el cinturón. **p.** Pónganse el cinturón.

11. Altri elementi della frase semplice

1 **a.** Es un río <u>larguísimo</u>. **b.** Hay <u>muchísimos</u> tipos de peces. **c.** Quedan <u>poquísimas</u> tribus primitivas. **d.** Es <u>riquísima</u> en recursos naturales. **e.** Es <u>peligrosísima</u> para el planeta. **f.** Es <u>importantísimo</u> proteger Amazonia.

2 **a.** Es la ciudad más poblada del mundo. **b.** Es el río más largo del mundo. **c.** Es el pájaro más ligero del mundo. **d.** Son los animales más longevos del mundo.

3 **a.** Me gusta <u>mucho</u> chatear en Internet. **b.** Me hago <u>muchos</u> amigos chateando. **c.** Me paso <u>muchas</u> horas conectado. **d.** Para los niños, Internet puede ser <u>muy</u> peligroso. **e.** Hay <u>mucha</u> información interesante en línea. **f.** Suelo perder <u>mucho</u> tiempo en Internet. **g.** <u>Muchos</u> chicos juegan en línea. **h.** El juego en línea provoca <u>mucha</u> adicción.

4 **a.** Hago poco deporte. **b.** Comes poco pescado. **c.** Son poco simpáticos. **d.** Somos poco pacientes. **e.** Compro pocos zapatos. **f.** Come poca carne. **g.** Escribes pocas cartas. **h.** Esta película es poco interesante.

5 **a.** ¡Juegas <u>demasiado</u> a la Play! **b.** ¡Te pasas <u>demasiadas</u> horas en Internet! **c.** ¡Te acuestas <u>demasiado</u> tarde! **d.** ¡Tienes <u>demasiados</u> amigos! **e.** ¡Soy <u>demasiado</u> paciente contigo! **f.** ¡Tienes <u>demasiada</u> libertad!

6 **a.** ¡Mentira! ¡Mis notas son <u>bastante</u> buenas. **b.** ¡Mentira! No tengo <u>bastantes</u> amigos. **c.** ¡Mentira! No eres <u>bastante</u> paciente conmigo. **d.** ¡Mentira! No tengo <u>bastante</u> libertad.

7

cariñoso	cariñosa	cariñosamente
ágil	ágil	ágilmente
triste	triste	tristemente
feroz	feroz	ferozmente
cómodo	cómoda	cómodamente
único	única	únicamente

a. Este perro es muy malo: ladra <u>ferozmente</u> a todos los que pasan. **b.** El perro está malo: me mira <u>tristemente</u>. **c.** El gato duerme <u>cómodamente</u> en el sofá. **d.** El gato salta <u>ágilmente</u> por la ventana. **e.** A los gatos les gusta que les acaricien <u>cariñosamente</u>. **f.** Las jirafas viven <u>únicamente</u> en Africa.

8 **a.** Sueño a menudo <u>con</u> mis gatos. **b.** Puedes confiar <u>en</u> él. **c.** Cuenta conmigo. **d.** Se conforman <u>con</u> poco. **e.** Piensas demasiado <u>en</u> los problemas.

9 **a.** <u>En</u> Sevilla, la gente es muy simpática. **b.** Este año quiero ir <u>a</u> España. **c.** Muchos Erasmus van <u>a</u> Sevilla para estudiar. **d.** Cuando vuelven <u>a</u> su país, sienten nostalgia. **e.** ¿Dónde estás? ¿<u>En</u> casa? **f.** Ven <u>a</u> casa, te invito.

Lessico e lettura 2: in movimento

1 **a.** ida **b.** llegada **c.** billete **d.** fecha **e.** salida **f.** metálico **g.** gastos **h.** plaza **i.** precio **j.** vuelta **k.** reserva **l.** tarifa **m.** tren **n.** IVA **o.** coche.

2 **a.** Tres. **b.** Lo habla pero bastante mal. **c.** Frank quiere un billete de tren para París. **d.** El empleado de la taquilla no entiende bien a Frank.

3 **a.** El empleado no es sordo. **b.** Hay que hablar despacio. **c.** Veo a alguien detrás de Frank.

4 **a.** Hola, ¿vende Usted <u>billetes</u> para trenes de cercanías? **b.** Cómprame dos <u>entradas</u> para el concierto de Bisbal, por favor. **c.** El <u>billete</u> de autobús es más barato que el del tren. **d.** En avión, si tienes <u>billete</u> de primera clase, ¡te dan champán gratis! **e.** Las <u>entradas</u> para las corridas de toros suelen ser bastante caras. **f.** Para esta obra de teatro, puedes comprar <u>entradas</u> en Internet.

5 **a.** Este joven <u>oye</u> muy bien: no hace falta que hable tan alto. **b.** Leo bastante bien el español pero no <u>entiendo</u> a la gente cuando habla demasiado rápido. **c.** Sube el volumen de la música, por favor: ¡no <u>oigo</u> nada! **d.** Este texto es demasiado difícil para mí: no <u>entiendo</u> nada. **e.** ¿<u>Entiende</u> Usted lo que digo o se lo vuelvo a explicar? **f.** ¡Estoy en el tren! Hay mucho ruido. ¿Me <u>oyes</u>?

6 **a.** puerta. **b.** llave. **c.** sobrinos. **d.** aquí. **e.** precio. **f.** silla. **g.** perra. **h.** fin. **i.** Quisiera un billete sencillo para París, por favor. **j.** *Vorrei un biglietto di sola andata per Parigi, per favore.*

7 **a.** Tratamiento de tú. **b.** Tratamiento de usted. **c.** Tratamiento de usted. **d.** Tratamiento de tú.

8 **a.** El colegio está en la calle Mayor. **b.** La biblioteca está en la calle San Miguel. **c.** La discoteca está en el Paseo de la Paz. **d.** El cine está en la calle Real.

Esempio di dialogo:

– Por favor, ¿dónde está la biblioteca?

– Tienes que tomar la calle Real, seguir todo recto, tomar la segunda calle a la derecha y luego la primera a la izquierda: es allí.

Oppure:

– Toma la primera a la derecha, luego gira por la primera a la izquierda y sigue todo recto.

125

SOLUZIONI

12. L'espressione del futuro e le relative

1 a. futuro: haré / infinito: hacer b. futuro: regalaré / infinito: regalar c. futuro: serás / infinito: ser d. futuro: harás / infinito: hacer e. futuro: ganarás / infinito: ganar f. futuro: seducirás / infinito: seducir g. futuro: tendrás / infinito: tener.

2 a. haré, harás, hará, haremos, haréis, harán. b. regalaré, regalarás, regalará, regalaremos, regalaréis, regalarán.

3 a. ¿Me ayudarás a tocar la guitarra? b. Seremos famosos. c. No podré tocar esta partitura. d. Me diréis qué os parece esta guitarra. e. El público querrá que sigas tocando. f. No tendrán tiempo para aprender.

4 a. Me pregunto si vendrán. b. En cuanto te vea, te pagaré. c. No sabe si podrá venir. d. ¿Sabes cuándo saldrá su libro? e. Mañana saldremos, si hace buen tiempo. f. El día que te pague, estarás contento. g. No sé si cantaremos. h. Si vuelve, le hablaré. i. Leeré su libro cuando salga. j. Mientras haga sol, iré a la playa.

5 a. Cuando hable bien español, iré a México. b. Cuando sea mayor de edad, conduciré una moto. c. Cuando las aprendas, sabrás las conjugaciones. d. Cuando estudie, este chico tendrá buenas notas. e. Cuando haga sol, irán a la playa.

6 a. *La persona che cerca non abita qui: ci sarà un errore.* b. *Pedro ha chiamato dieci volte: vorrà dirti qualcosa di importante.*

7 a. Quizás esté repasando un examen. b. Estará repasando un examen. c. A lo mejor no tiene cobertura el móvil. d. No tendrá cobertura el móvil. e. Quizás vaya al gimnasio. f. A lo mejor va al gimnasio.

8 a. La mujer a quien (a la que, a la cual) me dirijo es mi profesora. b. El barrio en el que (en el cual) vivo es muy simpático. c. La moto con la que (con la cual) reparto pizzas es verde. d. La chica de quien (de la que, de la cual) te hablo es mi vecina.

9 a. La ciudad donde / en que se pasan las vacaciones está a la orilla del mar. b. Me acuerdo muy bien de la noche en que te conocí. c. ¿Cuál fue el año en que el Barça ganó la Champions? d. Esta es la casa donde / en que me gustaría vivir.

10 a. Ven cuando puedas. b. El primero que llame tendrá un coche. c. El día que vengas, estaré contento. d. Querré al hombre que me entienda.

13. I tempi del passato

1 1ª riga: jugar, jugaba, jugabas, jugaba, jugábamos, jugabais, jugaban. 2ª riga: estar, estaba, estabas, estaba, estábamos, estabais, estaban. 3ª riga: hacer, hacía, hacías, hacía, hacíamos, hacíais, hacían. 4ª riga: decir, decía, decías, decía, decíamos, decíais, decían. 5ª riga: divertirse, me divertía, te divertías, se divertía, nos divertíamos, os divertíais, se divertían.

2 a. En mi época, yo no iba tanto al cine. b. Cuando tenía quince años, yo no era tan libre. c. Cuando éramos pequeños, nosotros no veíamos tanto la tele. d. Los mayores oían la radio y los niños jugaban en la calle.

3 Toda la familia estaba en el salón: era la hora de la comida y todos estaban viendo la tele. A veces, los padres y los hijos no estaban de acuerdo: unos eran partidarios de ver las series y otros estaban a favor del telediario. Pero el padre siempre estaba de mal humor y además era muy autoritario, de modo que siempre era él quien decidía.

4 pagué, ~~escribe~~, contó, cerró, contamos, cerraron, escribimos, bebí, ~~bebemos~~, ~~contéis~~, ~~juegue~~, escribiste, pagasteis, ~~cierro~~, bebió.

5 a. Bailar: bailé, bailaste, bailó, bailamos, bailasteis, bailaron. b. Pensar: pensé, pensaste, pensó, pensamos, pensasteis, pensaron. c. Volver: volví, volviste, volvió, volvimos, volvisteis, volvieron.

6 a. El año pasado no ayudaste en casa, pero este año vas a ayudar. b. El curso pasado no leí pero este año voy a leer. c. El año pasado perdisteis mucho tiempo en Internet, pero este año no vais a perder tanto. d. El año pasado mi hermano jugó mucho al fútbol, pero este año no va a jugar tanto.

7 a. no saber la respuesta → no escribir nada b. la puerta / estar cerrada → entrar por la ventana c. no quedar café → preparar un té d. María / no contestar al teléfono → llamar a su puerta e. no haber billetes de avión → viajar en tren f. no tener ganas de salir → decidir ver una serie en la tele g. el ascensor / no funcionar → subir por las escaleras h. el título / parecer interesante → abrir el libro i. yo / querer trabajar en Madrid → aprender español j. el programa / no ser interesante → apagar la tele.

8 a. Como no sabía la respuesta, no escribí nada. b. Como la puerta estaba cerrada, entré por la ventana. c. Como no quedaba café, preparé un té. d. Como María no contestaba al teléfono, llamé a su puerta. e. Como no había billetes de avión, viajé en tren. f. Como no tenía ganas de salir, decidí ver una serie en la tele. g. Como el ascensor no funcionaba, subí por las escaleras. h. Como el título parecía interesante, abrí el libro. i. Como quería trabajar en Madrid, aprendí español. j. Como el programa no era interesante, apagué la tele.

9 a. Yo no he abierto la puerta. b. Habéis vuelto de las vacaciones cansados. c. ¿Le has escrito a la abuela? d. No hemos podido venir a tu cumpleaños. e. ¿Ustedes han pedido pescado?

10 a. No encuentro las llaves: ¿dónde las habéis puesto? b. No estoy contento contigo: no has hecho tus deberes. c. ¿Quién ha visto mis gafas? d. Te he dicho mil veces que no te pases horas con el ordenador. e. Muchas gracias por la invitación: hemos comido muy bien. f. Te han llamado Carmen y Juan.

11 a. Ya (o todavía no) he viajado en avión b. Ya (o todavía no) he comido paella. c. Ya (o todavía no) he visto una película española en VO. d. Ya (o todavía no) he hecho autostop. e. Ya (o todavía no) he cantado flamenco. f. Ya (o todavía no) he tenido un diario íntimo. g. Ya (o todavía no) he estado enamorado/a. h. Ya (o todavía no) me he bañado en el Atlántico. i. Ya (o todavía no) he hecho un discurso. j. Ya (o todavía no) he subido en globo. k. Ya (o todavía no) he actuado en una obra teatral. l. Ya (o todavía no) he ido a América Latina.

14. I tempi del passato (2) e il condizionale

1 a. A los diez años tuve mi primera bicicleta. b. Eres una mentirosa: ¿por qué no me dijiste la verdad? c. ¿Por qué no vinisteis a mi cumpleaños? d. Ayer hizo bastante sol. e. Había demasiada gente y no pudieron entrar en el estadio. f. La semana pasada fuimos a ver a la abuela.

2 a. Cristóbal Colón descubrió América pero no fue él quien le dio su nombre al Nuevo Mundo. b. Midió mal la circunferencia de la Tierra, por eso el viaje duró más de lo previsto. c. Repitió el viaje a América cuatro veces y murió en Valladolid. d. Los españoles introdujeron nuevas enfermedades en América. e. Destruyeron las antiguas culturas precolombinas y construyeron otra civilización.

3 a. Cuando abrí el periódico, fui directamente a la página de deportes. b. Cuando llegué a México, noté que el acento era diferente del de España. c. Cuando vimos que no hacía sol, decidimos quedarnos en casa.

4 a. Al volver a casa, el padre vio que su hijo estaba escuchando música. b. Al oír ruido, miraron por la ventana. c. Al morir, dejó todo su dinero a una ONG.

5 a. Il passato remoto. b. Il passato prossimo. c. *Ir a* + infinito. d. Il futuro semplice.

6 a. Antes de ayer, Belén comió con don Andrés y fue al cine con Pepa y Emilia. b. Ayer, Belén trajo los periódicos a la tienda y escribió a Carlota. c. Esta mañana, Belén ha ido al médico y

SOLUZIONI

esta tarde va a despedirse de Pedro. **d.** Mañana, Belén dará un paseo en bici con Isa y pondrá en el Facebook las recomendaciones del librero. **e.** Pasado mañana, Belén hará la mochila de Isa para la excursión y saldrá con Juan Carlos.

7 a. ¿Podría utilizar tu móvil? **b.** ¿Sería posible vernos más tarde? **c.** Desearíamos un móvil más barato. **d.** ¿Estaríais dispuestos a ayudarnos? **e.** ¿Me harías un favor? **f.** ¿Me dirías la respuesta?

8 a. Estos niños pensaban que de mayores serían futbolistas. **b.** ¿Te imaginabas que un día tendrías nietos? **c.** El profesor decía que pronto sabríamos hablar español. **d.** Mi abuelo creía que los extraterrestres nos invadirían. **e.** Estaba convencido de que me haría este favor.

15. La frase complessa

1

Passato remoto			Congiuntivo imperfetto		
pedir	leer	tener	pedir	leer	tener
pedí	leí	tuve	pidiera	leyera	tuviera
pediste	leíste	tuviste	pidieras	leyeras	tuvieras
pidió	leyó	tuvo	pidiera	leyera	tuviera
pedimos	leímos	tuvimos	pidiéramos	leyéramos	tuviéramos
pedisteis	leísteis	tuvisteis	pidierais	leyerais	tuvierais
pidieron	leyeron	tuvieron	pidieran	leyeran	tuvieran

2 a. Te llamo para que vengas a ayudarme. **b.** Quiero que alguien me diga cómo usar este programa. **c.** Le pido al servicio técnico que me explique lo que pasa. **d.** Me dicen que ojalá sea solo un problema material. **e.** Yo les digo que tal vez tenga algún virus el ordenador.

3 a. No hacía falta que compraras el pan. **b.** Te di dinero para que fueras a hacer la compra. **c.** No quería que volvieras a traer chorizo. **d.** No creía que necesitáramos más vino. **e.** Te pedí sobre todo que pensaras en el chocolate.

4 a. Hago como si me gustara el cine. **b.** Hizo como si se acordara de mí. **c.** Hacen como si durmieran. **d.** Hace como si supiera la respuesta.

5 Congiuntivo imperfetto: pusieran, hiciera, condujeras, oyeras. **Condizionale presente:** habría, iríamos, costaría, encantaría.

6 a. Si todos se pusieran el cinturón de seguridad, habría menos accidentes graves. **b.** Si hiciera mejor tiempo, iríamos a la playa. **c.** Si condujeras más despacio, el coche te costaría menos en gasolina. **d.** Si oyeras cómo toca la guitarra, te encantaría.

7 a. No es mayor de edad. Hace como si fuera mayor de edad. **b.** Si Pedro estuviera aquí, nos ayudaría. **c.** No duerme, hace como si estuviera durmiendo. **d.** Si no estuviera tan cansado, te acompañaría. **e.** Si estuviera de mejor humor, iría al cine. **f.** ¡Aprender chino! Como si fuera tan fácil.

8 a. Si estuviera enfermo, iría al médico. **b.** Si supiera de informática, no tendría tantos problemas con el ordenador. **c.** Si tuviera tu número de móvil, te mandaría mensajes. **d.** Si visitara México, subiría a las pirámides. **e.** Si viviera en Argentina, cruzaría la Pampa a caballo. **f.** Si durmiera más, estaría más relajado.

9 a. Trasformazione: Aunque tuviera tiempo, no te ayudaría. **b. Traduzione:** Anche se avessi tempo, non ti aiuterei. **c. Trasformazione:** Aunque hiciera mal tiempo, iría a correr. **d. Traduzione:** Anche se facesse brutto, andrei a correre. **e. Trasformazione:** Aunque estuviera enfermo, trabajaría. **f. Traduzione:** Anche se fossi malato, lavorerei. **g. Trasformazione:** Aunque vivieras cien años, no leerías todos los libros. **h. Traduzione:** Anche se tu vivessi cent'anni, non leggeresti tutti i libri. **i. Trasformazione:** Aunque escribieras veinte libros, no serías célebre. **j. Traduzione:** Anche se tu scrivessi venti libri, non saresti celebre.

10 a. Lo que digas, no te creeré. **b.** Vayas donde vayas, te seguiré. **c.** Sea cuando sea, esta tarde o esta noche, tengo que verte. **d.** Llame quien llame, no estoy. **e.** Bailes como bailes, bien o mal, me gusta bailar contigo.

11 a. Digan lo que digan mis amigos, lo haré. **b.** Venga quien venga a esta fiesta, yo no iré. **c.** Conduzca como conduzca, rápido o despacio, siempre tengo accidentes. **d.** Las ponga donde las ponga, siempre pierdo las llaves. **e.** Llames cuando llames, aunque sea tarde, te contestaré.

16. L'ausiliare e i tempi composti

1 a. Voce passiva **b.** Voce attiva **c.** Voce attiva **d.** Voce passiva **e.** Voce passiva **f.** Voce passiva **g.** Voce attiva **h.** Voce passiva.

2 a. El viento abrió la puerta. **b.** He sido invitado por mi primo para su cumpleaños. **c.** Estos cuadernos de ejercicios han sido escritos por Juan. **d.** Muchas personas utilizan estos cuadernos. **e.** El año que viene, Assimil publicará otro cuaderno. **f.** El público aprecia mucho a estos autores. **g.** Las personas que saben idiomas son contratadas por las empresas. **h.** Ojalá la empresa no despida a mis amigos.

3 a. Para llegar a casa, lo mejor es que pases por aquí. **b.** He reservado una mesa para cuatro personas. **c.** No me gusta trabajar por la noche. **d.** Viene a verme una vez por año. **e.** ¿Por dónde estará? Hace días que no lo veo. **f.** ¿Estás cansado? Esto te pasa por acostarte tan tarde. **g.** Por su capacidad, es un coche para familias numerosas. **h.** ¿Me podrías entregar el trabajo para el martes?

4 a. Para comer una buena paella, ve a este restaurante. **b.** He traído algo para ti. **c.** El deporte es bueno para la salud. **d.** He viajado por España este verano. **e.** Por la mañana, tomo café. **f.** Para ti, ¿cuál es la mejor película? **g.** Quiero este trabajo para mañana.

5 a. Juan se ha arruinado con el juego. **b.** Soy español, he nacido en Sevilla. **c.** Como la puerta estaba cerrada, he entrado por la ventana. **d.** Juan está insatisfecho con el resultado del partido. **e.** Yo he cerrado bien la puerta: ¿por qué está abierta? **f.** Como hacía buen tiempo, hemos salido a pasear. **g.** La empresa lo ha despedido: no tiene trabajo y está desesperado. **h.** ¡Si mis gafas están rotas es que alguien las ha roto!

6 a. Hemos subido para verte. **b.** Han vuelto para comprar el pan. **c.** Las puertas están bien cerradas. **d.** La puerta fue (o ha sido) abierta por el viento. **e.** La película fue (o ha sido) vista por muchas personas. **f.** Rompí (o he roto) mis gafas. **g.** Mis gafas están rotas. **h.** Este libro está bien escrito.

7 a. Si fuera más alto, jugaría al baloncesto. **b.** Si mi móvil tuviera cobertura, te escribiría un mensaje. **c.** Si hiciera mal tiempo, me pondría la gabardina. **d.** Si supiera hablar español, haría un gran viaje por América Latina. **e.** Si tuviera la llave, abriría la puerta.

8 a. Si hubiera sido más alto, habría (o hubiera) jugado al baloncesto. **b.** Si mi móvil hubiera tenido cobertura, habría (o hubiera) escrito un mensaje. **c.** Si hubiera hecho mal tiempo, me habría (o hubiera) puesto la gabardina. **d.** Si hubiera sabido hablar español, habría (o hubiera) hecho un gran viaje por América Latina. **e.** Si hubiera tenido la llave, habría (o hubiera) abierto la puerta.

9 a. Si no hubiera comprado este cuaderno, no habría repasado la gramática. **b.** No había hecho tantos ejercicios en mi vida. **c.** Cuando haya repasado toda la gramática, hablaré bastante mejor español. **d.** Siempre me ha encantado aprender idiomas.

Lessico e lettura 3: l'abbigliamento

1 D / C / A / E / B.

2 a. Los dos personajes de este diálogo son una madre y su hija. **b.** La joven que habla va a ir a una fiesta. **c.** Según ella, sus amigas van a vestir un top y una minifalda. **d.** No quiere ponerse las faldas que tiene porque no son de marca.

3 a. Una cosa pacchiana. **b.** Che sciocchezza! **c.** Beh, non saprei... **d.** È molto carina.

4 a. Tu falda será de Continente pero es monísima. **b.** Todas mis amigas van de marca. **c.** Tu armario está lleno de vestidos y de minifaldas. **d.** No quiero ir vestida así a una fiesta. **e.** ¿Cómo puedes decir que no tienes nada que ponerte?

5 a. cazadora **b.** zapatos **c.** camisa **d.** vaqueros **e.** falda **f.** pantalón **g.** vestido **h.** chándal **i.** chaqueta.

6 a. Paella. **b.** Suegra. **c.** Quince. **d.** Ese. **e.** Amistad. **f.** Horas. **g.** Usted. **h.** Oye. **i.** Assimil espera que le haya gustado este cuaderno. **j.** Assimil spera che questo quaderno le sia piaciuto.

127

AUTOVALUTAZIONE

Complimenti, avete completato il quaderno di esercizi! Ora è arrivato il momento di stabilire il livello di conoscenza linguistica raggiunto. Indicate il numero di icone ottenuto al termine di ciascun capitolo. La somma di tutte le icone per colore vi darà il risultato finale!

	🙂	😐	☹️		🙂	😐	☹️
1. Dalle lettere ai suoni	☐	☐	☐	10. L'imperativo, l'obbligo e la necessità	☐	☐	☐
2. Articoli, nomi, aggettivi e numeri	☐	☐	☐	11. Altri elementi della frase semplice	☐	☐	☐
3. I pronomi personali e le coniugazioni	☐	☐	☐	**Lessico e lettura 2:** in movimento	☐	☐	☐
4. Possessivi, dimostrativi, indefiniti	☐	☐	☐	12. L'espressione del futuro e le relative	☐	☐	☐
5. *Ser, estar* e la forma progressiva	☐	☐	☐	13. I tempi del passato	☐	☐	☐
6. I presenti irregolari e la frase semplice	☐	☐	☐	14. I tempi del passato (2) e il condizionale	☐	☐	☐
Lessico e lettura 1: identità e famiglia	☐	☐	☐	15. La frase complessa	☐	☐	☐
7. Perifrasi verbali e presenti irregolari	☐	☐	☐	16. L'ausiliare e i tempi composti	☐	☐	☐
8. Il congiuntivo presente	☐	☐	☐	**Lessico e lettura 3:** l'abbigliamento	☐	☐	☐
9. Verbi irregolari e uso dei modi verbali	☐	☐	☐				

Totale, somma di tutte le icone .... 🙂 ☐ 😐 ☐ ☹️ ☐

Avete ottenuto la maggioranza di...

 Congratulazioni! Padroneggiate le basi dello spagnolo e siete pronti a passare al livello successivo!

 Niente male! Ma potete ancora migliorare! Rifate gli esercizi con cui avete avuto maggiori difficoltà dando un'occhiata alle spiegazioni nel capitolo corrispondente!

 Riprovate! Siete un po' arrugginiti… Riprendete in mano il quaderno e prima di rifare gli esercizi, rileggete con attenzione ciascun capitolo.

Realizzazione grafica: MediaSarbacane

ISBN: 978-88-96715-56-7   © Assimil Italia 2015

Titolo dell'opera originale:
Cahier d'exercices Espagnol   © Assimil France 2013

Finito di stampare nel mese di novembre 2024 presso Media Key Editoriale SRL - Sofia, Bulgaria